仏性とは何か

高崎直道

法蔵館文庫

本書は一九九七年六月法蔵館より『増補新版　仏性とは何か』として刊行された。その第四刷（二〇一三年六月刊）を底本とした。

改版に当って

法蔵選書の拙著『仏性とは何か』を、装いを新たにして再刊したいと出版元から話があった。自著が多くの方々に読まれ、いまなお購読の要望があるということは、まことに著者冥利につきる有難い話である。

ところで、仏性・如来蔵については、この書が出版された後にいろいろと批判的な見解が現われた。一言で言えば、「如来蔵の教えは要するに外道の我《が》の教えと同じだ」から、仏教ではない、というものである。「　」内のことは、本書の第一論文の末尾でも述べているように、この思想の成立当初から存在していた非難である。しかし、だから仏教ではないと断言するには何が仏教かという定義（限定）が必要となる。そして、その点になると、当の批判者の主張も含めて、さまざまな見解がありうるが、絶対的な唯一の定義はありえない。私としては、批判者の言うとおりに「ああそうですか」と言うわけにはいかない。

しかし、一たび批判が出た以上、何かの形でそれに答える必要があろう。社会もそれを期待している。残念ながら、著者の非力と怠慢のため、今に至るまで、その期待には十分に応えられないでいる。そういう中で、旧著をそのまま再刊するのは如何かと思われたが、同じ出版元が出している雑誌『仏教』中に、「批判」以後に、それを意識しながら書いた如来蔵・仏性論があり、編集者も、改版に際して、その論文と、同じ雑誌に寄稿した他の二篇――テーマは異なるが著者の見解を示すものとして本書と共通性がある――を加えてはどうかと提案されたので、新規に一篇の論文を書き下す暇もないことを理由に、その申し出に従うこととした。

この三篇のうち、「生死はほとけの御いのち―道元に学ぶ生死観―」は、旧版末尾の「道元の仏性論」に連なるが、さらに両篇をリンクさせるものとして、別に草した「本証妙修ということ」なる小論があるので、それも併せた四篇を新たに掲載することとした。

ところで最近、大乗の『涅槃経』の成立をめぐる画期的な研究が出版された。東京大学助教授下田正弘氏の『涅槃経の研究』（春秋社、一九九七年二月）である。私の十分には解決できなかった『涅槃経』の文献上の問題を見事に解きほごしてくれたものとして、下田氏に満腔の謝意を表するものである。同時に、その視点を加えて、如来蔵思想成立史ももう一度見直す必要に迫られた。その見直しの過程で、如来蔵思想の意義も再考し、確認したいと考えている。

一九九七年四月　　著者

追記　如来蔵・仏性思想批判に対する私の見解については、別に仏教思想学会機関誌『仏教学』上で発表したものがあるので、参考されれば幸甚である（「最近十年の仏教学」『仏教学』第36号、一九九四年一二月）。

はじめに

ここに集めた諸篇は、昭和五十年以降、私が如来蔵、仏性の問題を専門としているということで依頼されたのに応じて行なった講演の筆記や、雑誌等の注文原稿である（ただし、今回、一書にまとめるについて統一をとるために、必要な限りの訂正を加えた）。そのうち、末尾の二篇を除くと、他はすべて、仏教に信仰をもつ聴聞者、あるいは、ひろく仏教に関心をもつ読者を相手としたものであり、出来るだけ解りやすくという注文に、努めて心掛けて出した解答のつもりである。ただ、果たして、そうした要求どおりに明解な話になっているのかどうか、はなはだ心もとない。もし本書を手にされた方々が、辛抱して最後までつき合って下さるならば、筆者として喜びこれに過ぎるものはない。

本書の配列は次のような規準によっている。

まず第Ⅰ部四篇は在家仏教協会その他、一般向けの仏教講演会における講話の筆録である。講話という性質上、くりかえしとか、同類の話の重複なども目立つが、くりかえしは記憶を確実にするのに必須、有効な手段であるということで、目をつぶっていただきたい。

第Ⅱ部二篇は、第Ⅰ部の講話の裏付けとなるような文献資料の解説で、第Ⅰ部の補註といったところである。

第Ⅲ部一篇は密教学会での講演筆記、第Ⅳ部の一篇は『講座道元』のために執筆したものである。この二篇は純然たる論文ではないけれども、前の諸篇に比べると、やや専門的である。

以上、それぞれ独立の一篇であるから、どれから読んでいただいても差支えはないが、もし、この配列の順序どおりに読んで下されば、多少は主題の意味するところが解りやすくなるかと思う。

最後になるが、講演集をこのような形でまとめることを慫慂された法蔵館主西村明氏、転載を承諾された各誌の関係各位、そして、校正その他でお世話になった法蔵館編集部の吉岡司郎氏に、厚く御礼申し上げる。

昭和五十九年十二月

高崎直道

目次

仏性とは何か

I

如来蔵と仏性

仏　性

まず、なぜ「如来蔵と仏性」というふうに二つを並べたかという題目からお話しをしておこうと思います。結論を先にもうしあげますと、「如来蔵」ということばであらわされておりますものと「仏性」というものとは、全く同じものを指しているのであります。そのことを、あらかじめ頭に入れておいていただければと思います。「如来蔵」ということばは聞いたことはないけれども、「仏性」ということばならば聞いていると思われる方が、ひじょうに多いと思います。それならば、なぜ如来蔵の研究などとわからないことばを使って、仏性の研究といわないのかとお考えになろうかと思いますので、そのへんのことをからめまして、如来蔵ということばの意味を、少しかた苦しくなるかと思いますけれども、お話しようと思っております。

「仏性」ということばは中国、日本の仏教の中ではたいへん親しまれていることばであります。仏性が何であるかということはむずかしい問題で、これがわかったら悟ったことになるのですが、とにかくそういった仏性ということがずっと問題にされているということは、みなさまご承知のことだろうと思います。

たとえば中国の禅の有名な祖師の中に趙州《じょうしゅう》という方がおられますが、その趙州の問答の中に、狗子《くし》に仏性があるかどうかという問答が伝えられております。犬に仏性があるかどうか、或るときは「ある」と答え、また別のときには「ない」と答えたので、一体どっちだろうかという問題が、禅の問答の中に残っているわけであります。

なぜ、犬に仏性があるかないかというようなことが問題になったかといいますと、それにはお経の言葉があるからで、お経にこういうことが書いてあるわけであります。それは「一切衆生悉有仏性《いっさいしゅじょうしつうぶっしょう》」という大乗の『涅槃経《ねはんぎょう》』の言葉であります。すべての衆生、生きとし生けるものに仏性がある。言葉どおりに見て、ほとけの性質、ほとけの本性、したがってまた、ほとけになる可能性といってもよろしいものであります。そういうものを「仏性」と名づけているわけで、別のいい方をすれば、だれでもほとけになれるということであります。

この「一切衆生悉有仏性」ということばが、大乗の『涅槃経』に何度も繰り返し出てまいりまして、この教えがある意味で中国、日本の仏教の一番の基本にあるといってよろしいのです。だれでもがほとけになれるというのが、中国、日本でわれわれが伝統的に習ってまいりました仏教の、大多数の宗派で教えている基本の説き方であります。

大多数と申しますのは、実はだれでもではなくて、中にはほとけになれない衆生もいるのだという説もあるわけであります。これは、ある意味では理想論と現実論と申してもよろしいわけでありまして、そういうふうな教理の上の争いなどがあるものですから、ある坊さんが趙州に、犬に仏性があるかどうか、犬も畜生であり畜生も衆生の一つのあり方ですから、そういう畜生にも仏性があるかないか、と問題にしたわけです。

『涅槃経』に書いてあるとおりならば、犬にも仏性はあるということになるわけです。しかし別の見方をしますと、犬には仏性がないということもできるわけで、その趙州の問答の深いところは、わたくしもうまく説明をすることはできませんし、今日のお話の題目からはやや遠ざかるものとしていただきまして、そういうふうな問題が起こったもとは、『涅槃経』に「一切衆生悉有仏性」ということばがあって、それが基本的に大事なことと考えられて、そこから起こっているのだということをまず申しあげておきたいと思います。

本覚と始覚

「一切衆生悉有仏性」の教えは、日本の仏教におきましては、たとえば天台宗の教えなども全部それを受けておるわけですが、そこから本覚《ほんがく》を持つという教えになってまいります。「本覚」といいますのは、もとより悟っているという意味です。生まれつき悟っている、あるいは生まれる以前から、父母未生《ぶもみしょう》以前から悟っている、いつ始まったものともしれないのですが、この衆生のあり方が無始以来続いている、始めのないときから続いている、その大もとからすでに悟っているのだというのが、本覚という教えです。

それに対して、悟りを開くというのは修行をしてはじめて悟るのだということで、「始《し》覚《かく》」であります。本覚とか始覚ということは、『大乗起信論』とかいろいろな経典類を通じてずっと中国で問題になってきていたわけであります。先ほどの、悟れない衆生があるという説は、始覚の立場の説で、修行してはじめて悟れるのだということです。ある主義からみましたら、そちらのほうが正しいのです。現にわれわれは、本来悟っているといわれましても、実際には迷っているわけで、ただ迷っているどころの話ではないのでありまして、いくら修行をしても、恐らく悟れないといえば悟れない、ほとけにはなれない、それが現実であります。しかしそういう現実にもかかわらず、われわれにもほとけの本性がある。生まれる前からの本性、それはほとけさまと同じであるというのが「一切衆生悉有仏性」ということばのあらわしている意味です。

さてそこで、天台の法門は本覚の法門ということで、これが基本になっていますが、すでに悟っているのだとしたら、一体修行する必要があるのか、あるいはそんな必要はないのではなかろうか、という疑問がわくのも、また当然なわけであります。わたくしの宗旨は禅宗のうちのまた曹洞宗でございますが、曹洞宗の開祖の道元禅師は比叡山で修行をなさって、同様な疑問をもたれました。天台の本覚法門が、人間は本来悟っている、本覚である、だからもう修行も要らないのだというように、まちがって伝えられていました。あるいはそういうことをうそぶいて、何も修行をしない僧侶が周りにいたのかもしれません。そういうことから、本覚というのは一体どういうことなのであろうかと疑問をもたれたのです。本来法性《ほっしょう》をそなえ、ほとけと同じ性質をそなえて、そのままに悟っているのであるならば、三世《さんぜ》の諸仏は何の因縁《いんねん》をもって、なぜ発心《ほっしん》し修行をしたのか、という疑問を抱かれたということが、道元禅師の伝記の中にあります。これまた、当然の疑問であっただろうと思います。

しかしそれは、単なるそういう教えに対する疑問ではなくて、この問題を自分でどう解決するかということで、そこから道元が山をおりてあちこちに知識をとぶらうことになるわけであります。最終的に栄西《えいさい》のところに行って、その疑問を半ば解決してもらったのですが、しかし解答は得たけれども自分はなお納得がいかないということで、さらに進んでその解答を求めて中国に渡り、天童山の如浄《にょじょう》について、そして悟りを開いて帰ってこられたといわれております。

ですから鎌倉仏教は、天台の本覚法門を土台において、それを自分でいかに理解するか、いかに身につけるかということから始まっているといわれております。

浄土真宗の開祖の親鸞聖人も、やはり叡山で修行をなさったわけでありますが、親鸞のことばの中には「仏性とは大信心である」という表現がございます。親鸞は、仏性というものの大もとを信心の中に見出されたわけであり、そこに報恩の念仏という浄土真宗の教えが生まれてきたといわれております。すべてそういうふうに、仏性の問題をさらに突っ込んで考え、追求するというところから、新しい鎌倉時代の仏教が起こってきているということもできる、たいへん大事な問題なのであります。

如来蔵法門

「仏性」ということばは、そういうふうにして、日本の祖師方がつねに念頭に置いて説かれたものであります。そういう仏性ということばが『涅槃経』に書いてあるにもかかわらず、それを使わないで、あまりよくわからない如来蔵ということばをなぜ使うのか——これが皆さまの疑問であろうかと存じます。そこからわたくしの研究した中身に触れた本題に入ってゆくということになりますが、『涅槃経』の中には「世尊はかつて如来蔵の法門において、すべての衆生に如来蔵があるとお説きになったが、これはどういう意味であるか」という記事があります。そういうことが一方で問われておりながら、『涅槃経』自身は、そこでみずから与えた表現としては「一切衆生悉有仏性」ということを、何度も繰り返していっております。

「如来蔵法門」といっておりますこの法門といいますのは、お経という意味と考えていただいてよろしいのであります。実は、わたくしどもがふだんに読みます『涅槃経』は四十巻ありまして、曇無讖《どんむしん》という方の訳したお経でありますが、そのお経の中には如来蔵法門ということばは出てきません。そこには、如来秘密法蔵《にょらいひみつほうぞう》と書いてある。如来の秘密の法蔵において、世尊は一切衆生に如来蔵あり、あるいは一切衆生に仏性ありと説かれている、というういい方をしております。

仏教に親しんでおられる方は、いろいろの機会に話を聞いておられると思いますが、大乗のお経といえども「如是我聞《にょぜがもん》」と書いてありますから、これはお釈迦さまがお説きになって、それを、たいていの場合は阿難《あなん》尊者ですが、お弟子さんが聞かれて書きとめたという形式をとっております。

しかしながら大乗の経典は、わたくしどもの研究の立場からいいますと、歴史的にはお釈迦さまはご存じないお経であるわけです。お釈迦さまは多分こういうことをお考えになったであろうということを、後の人が自分の体験を通じてことばであらわし、文字でしたためたものが大乗の経典であるわけで、お釈迦さまのころの原始仏教の教え、これは阿含《あごん》経に説かれているわけですが、その阿含経には説いてないようなことが、大乗の経典にはたくさん説いてあるわけであります。この『涅槃経』も、そういう大乗の経典の一つであります。

ですからある時期に、お釈迦さまのときよりもずっとあとになりましてからこのお経ができたので、何者かがそういうインスピレーションを受けてといいますか、そういったことでそれを文字に書きあらわして、そこで大乗の経典としての『涅槃経』ができあがっているのだというふうに考えるわけであります。すべてのお経が後にできたとしますと、今度はお経同士の中で、先にできたものとあとにできたものと、さまざまのものがあると考えられるわけであります。そこの中から仏教の教理の発展、展開――それは、もとをただせばお釈迦さまの説いた教えの解釈の仕方の発展であり、展開であるといってよろしいかと思いますけれども、そういう発展、展開の歴史をあとづけようということをわたくしは仕事としております。

そういう目でみましたときに、『涅槃経』の中に、如来蔵の法門において、これこれこういうことを世尊はお説きになっておられますが、というようなことを質問しているということは、そういうお経の中にこういうことがすでに説かれていたと『涅槃経』の作者は知っていて、そういう形で表現しているのだと考えざるを得ないわけです。『涅槃経』の中には「法華《ほっけ》」という名前も出てきて、八千の声聞に授記《じゅき》を与えたということが法華に説いてあるといっています。ですから、『法華経』のことも『涅槃経』は知っていたということが歴然としているわけであります。そういう点で見ますと、ここにありますのは如来蔵法門の一つのお経であるということが推察できるわけなのであります。実際に、大正大蔵経、一切経をひもといてみますと、その中に『大方等如来蔵経』という名前のお経があります。これは、東晋《とうしん》の仏駄跋陀羅《ぶっだばつだら》が訳しております。この方は、『華厳経』の訳者でもあります。『華厳経』と『大方等如来蔵経』という二つのお経は、いずれそこにお話がいくのですが、たいへん密接な関係があるとわたくしどもは考えております。東晋の時代ですから、四二〇年ごろに翻訳されているものです。曇無識の『涅槃経』も、同じころに訳されているのであります。翻訳されたときには確実に存在していたという意味で、『如来蔵経』も『涅槃経』も四二〇年ごろ以前に、すなわち四世紀の終わりごろまでにはまちがいなくインドに存在していて、それが中国に伝わってきたと考えられます。多分もっと早く、三世紀の終わりごろにはあったかもしれません。

そういうお経なのでありますが、その中に、「仏性」ではなくて「如来蔵」ということばが使われています。如来蔵のことを説いているお経ですから、『如来蔵経』というわけです。実は、如来蔵ということばのほうが、仏性ということばよりも古いのです。漢訳の『如来蔵経』を見ますと、その中に仏性ということばも出てくるのですが、これもまた、チベット訳や何かと対照してみますと、『涅槃経』と同じ仏性にあたることばはないのです。訳者のほうでは、確かにそういう意味をとって「仏性」と訳したわけでありますから、訳者は仏性ということばを知っていたのでしょうけれども、どうももとのお経にはないようであります。そういうことばではなくて、如来蔵ということばが使われている。そういう点で、如来蔵ということばが先にあって、それを説明して、それは如来の本性であるという意味でこれを仏性と呼んだという事情が、二つのお経を比較することによってまずわかってくるわけであります。

そのほかに、インドのいろいろなお経、あるいは無著《むじゃく》とか世親《せしん》、そのほかの人々のつくった論典を見ますと、如来蔵ということばはずいぶんあちこちに出てくるのでありますけれども、仏性ということばはなかなか出てこないのであります。インドでできたお経のもとになったものはみな梵語で書かれていたという予想のもとにいうわけですが、そういう梵語でできたテキストに、いろいろなお経の引用があったりいたしますけれども、そこで出てくることばも「如来蔵」ということばのほうが多くて、「仏性」ということばのもとのことばが何だか、長い間知られなかったのです。明治以来、仏教の近代的な研究ということでサンスクリット（梵語）の研究をし、それから漢訳とそれを比較し、あるいはチベット訳と比較するというようなことで、お経に書いてあることばのもとのサンスクリットを、一所懸命みんなさがしているわけであります。ことに「仏性」ということばはたいへん大事なことばでありますから、これをなんとか知りたいと思っていました。

ことばだけでいいますと、「仏」は仏陀であり、「性」というのは抽象名詞であるとしますと、それにあたる語尾をつければいいのだというようなことで推定されてはいたのです。望月辞典（望月信亨編『仏教大辞典』）あたりにはそういう推定されたことばが出ているのですが、あの望月辞典のできた時代には、まだ仏性ということばのもとのことばがわかりませんでした。それに対して如来蔵ということばは、早くからサンスクリットの原語がわかっていたのです。インドにおける思想の歴史を見ますと、どうも仏性ということばよりも如来蔵ということばのほうが由緒が正しいようであります。お経としては禅宗と関係があります『楞伽《りょうが》経《きょう》』というお経がありますが、このお経には、早くからサンスクリットのテキストが出版されております。この『楞伽経』の中に如来蔵ということばが出てくるのに、仏性ということばはないのです。そんなことで、どうもインドのお経の中では、如来蔵ということばのほうが親しみがあったようなのです。それを理論的に説明すると、ほとけになる可能性、そういう意味で仏性――ほとけの本性ということばを使っているのです。『涅槃経』でそのことばがはっきりと固定して、それ以来だんだん使われるようにはなりましたが、最初にできた如来蔵ということばのほうを重く見ていたらしいのです。そういうことがありまして、わたくしどもは、インドにおける仏性思想を、如来蔵思想という名前で呼ぶことにしているわけであります。

如来と衆生

では、如来蔵というのは、インドのことばでいうとどういうことばであって、これはどういう意味を持っているのかということを、次にご説明しようと思います。

如来蔵の原語「タターガタ・ガルバ（tathāgata-garbha）」という言葉は、「如来の胎」という意味です。真言宗（密教）の教えでいいますと、曼荼羅の世界に二種類、金剛界と胎蔵界があります。この胎蔵界のほうに、ガルバということばを使っております。ですから感じとして、「胎」という一字では落ちつきが悪いので、胎蔵と申したのだと思います。胎は読んで字のごとしで、お母さんのおなかであります。そこから赤ちゃんの生まれてくる、その容れ物が胎であります。それをインドのことばで、ガルバというのであります。ですから如来蔵は、容れ物という意味をとりまして「蔵」という字を使ったわけで、如来の容れ物ということであります。その中に、如来がしまってあるところが如来蔵なのです。米蔵というのは、その中に米がしまってあるから米蔵である、それと同じようなことで、如来蔵であります。

中国語は、胎という生理的なことばを生《なま》で使うのをいやがりまして、もう少し上品に表現しようとしています。そこから、蔵という字を使ったようであります。では、何が如来の蔵であるか、何が如来をしまってあるところかというと、衆生がそうだというわけです。すべての、しかもどの衆生も、みんな如来の蔵だというのです。皆さんのおなかの中に、如来さまがいるということなのであります。それをインドのことばでは、如来の蔵、如来の胎、如来の胎蔵という意味で、「タターガタ・ガルバ」といったわけであります。『如来蔵経』というお経の中では、すべての衆生が如来の容れ物であるということを、端的に表明しているわけなのです。

そういう点で見ますと、衆生のほうが容れ物で、中身が如来さまであるということになります。容れ物のほうが大きくて中身が小さいものだとするならば、衆生のほうが大きくて、それが如来を包み込んでいるということになるのです。どうしてそんなことになるのかということをひるがえって考えていきますと、本当は如来様のほうが宇宙と同じですから大きいわけです。『華厳経』などを見ますと、如来の法身《ほっしん》は宇宙大であるといわれておりますから、その宇宙大である如来の中に、われわれ衆生もみんな含まれているはずです。山川草木《さんせんそうもく》、国土、すべてが宇宙大の如来に——もし宇宙そのままと等しく大きな絶対の存在であるとするならばその中に全部入っているはずなのですが、逆に、一人一人の衆生が如来を抱いていると考えています。理論的に考えるとたいへんむずかしいことが、実はいろいろインドでも問題になってくるわけであります。お経ができましてから、この如来蔵の思想を整理した論典として、『宝性論《ほうしょうろん》』とか『仏性論』という名前のテキストがあります。『宝性論』というほうはあまりなじみがないもので、中国、日本ではあまり使われてなかったようでありますが、それとほとんど同じ内容のものに『仏性論』というものがあります。『仏性論』は中国、日本ではたいへん有名であり、よく使われておりました。その『仏性論』の中に、如来蔵のことばの意味をいろいろに解釈した部分があります。その一つは、いまいった「衆生が如来の中に住んでいる」ということですが、これはことばどおりの意味で、これには三つの意味があります。

一、所摂《しょしょう》蔵

二、隠覆蔵《おんぷくぞう》
三、能摂蔵《のうしょうぞう》

一つは、衆生のほうが大きくて、衆生がほとけさまを中へ包み込んでいる。しかし実際にいいますと、ほとけのほうが大きい存在なのですから、如来という法身《ほっしん》の中に何でも入っているわけです。その意味で見ますと衆生のほうが包まれているのだということになります。また如来がわれわれの中に入っているといわれますが、現実のわれわれのことを考えればよくわかりますように、お経にはそういうふうに如来さまがおなかの中へみんな入っているのだ、如来をおなかに抱いているのだ、如来を宿しているのだというのですが、みんなだれも現実的には如来ではない、ほとけではないわけです。そうすると、どこかそこに如来は隠れているのだというふうに、いろいろ理論的な解釈をしているのです。「蔵」という字はそういう意味でいいますと、しまってある、隠されている、隠しているということで如来はあらわれていないのです。実はあらわれていないだけではなくて、われわれはそのことに気づいていないわけなのです。たまたまお経にそう書いてありますから、そういうものかなと思いますけれども、わたくし自身を含めまして、心底からそう思っている人というのはなかなかいないのです。おそらくそれを実感として持てる人というのは、如来さまに近くなるのだろうと思うのですが、お経にはとにかくそう書いてあります。如来を自分たちは、みんな内側に持っているのに、それをだれも知らない。だからほとけはそのことを衆生に教えて、その中にある如来が、その光をあらわすように修行させるのだということを、この『如来蔵経』では説くのであります。そういうふうな構造を持っていることが『仏性論』に書いてあります。

これは、理論的な反省を加えたあとの表現でありますから、哲学的な理論的な説明に近いのです。もう少し実感的な問題として、これを最初に考えておいたほうがいいのではなかろうかと思います。ともうしますのは、大乗のお経は、『法華経』などは皆さんよくご存じだと思いますが、その大部分はたとえ話です、比喩であります。『法華経』の生命は比喩であるといわれております。すべて何か実例をもって説明をして、そして何かいわんとしていることをわからせようとする。これがお経の本来の姿といいますか、お経の役目だろうと思うのであります。

つまり、古くからいわれておりますことですが、ほとけは対機《たいき》説法ともうしまして、相手を見て法を説くわけであります。ですから、学問のある人にはやや理屈ばった話をなさったかと思いますけれども、文字も知らないような人々に対してはひじょうにやさしく、身近な例でお話しなさる。お経にはそういう説き方がしてあります。それを、お釈迦さまの悟りを開かれた真理に入る道というので「法門《ほうもん》」というわけであります。そういう法の説き方、法の入口は八万四千もあるということで、八万四千の法門というふうに称するわけでありますから、この「如来蔵の法門」もそういう法門の一つであるわけで、衆生がほとけを内に持っているけれども知らないのだということを、いろいろの実例をもって知らせようとしているわけなのです。

では、どういうふうな実例で如来蔵ということを説明しているか、そのお話をしますと、少し具体的に如来蔵とか仏性といわれているもののあり方が、おわかりいただけるのではなかろうかと思うのであります。

九つの譬え

『如来蔵経』というお経は、たいへん短いお経であります。そして、すべての衆生が如来を内に宿しているのだということを、九つのたとえ話をもって説明しております。

お経の始まりはきまり文句で、「如是我聞《にょぜがもん》」から始まっていますが、みな菩薩たちが集まったところでほとけさまが、突如として一種の神変《じんぺん》・奇瑞《きずい》、不思議な現象をそこに現出するわけで、ほとけさまは神通力があって、そういうことが自由自在にできるということでありますが、とにかくその神変を現ぜられた。あたり一面に無数の蓮華の花が見える。その蓮華の花が全宇宙を埋め尽くしているかのように、空中にたくさんあらわれているわけです。そこに居合わせた菩薩たちは、何事が起こるのかと思って、あれよあれよと見ておりました。そうして驚いておりますと、きれいに咲いていた蓮華が、今度は一ぺんにしぼんでしまうのです。花がしぼんでしまって、あとでよく見ますと、その蓮華のうてなの一つ一つに、小さな如来の像がすわって坐禅を組んでおられる、そういう神変をあらわし出したわけです。それがキラキラと、燦然《さんぜん》と輝いている。菩薩たちは、一体世尊はこれで何をあらわそうとしたのかとけげんに思って、質問をする。そこで世尊が、説明をなさる。そこからこのお経が始まるわけであります。

最初はそういうふうに神変であらわしていますが、世尊は、いまわたくしはこれから如来蔵の教えを説こうと思って神変をあらわしたのだ、といわれるのであります。

蓮華の花は、一人一人の衆生をあらわしているわけです。その衆生の一人一人の中に、花が咲いたなあと思ったらみなすぐにしぼんで、たいへん醜い色をして、いやなにおいを発している。ところが、醜い色をして、いやなにおいを発している蓮華のうてなに、実は金色燦然たる如来さまがすわっている。これが、たとえていえば衆生の姿だという意味なのです。蓮華のうてなに如来がすわっている、その上を醜い、そしていやな香りのする朽ちた花びらが包み込んでいる。それと同じように衆生の、貪欲《とんよく》とか怒りとか無知とか、いわゆる貪瞋痴《とんじんち》の三毒の煩悩に包まれ、十重二十重に囲まれて身動きもならなくなっているような煩悩重々の身の中に、如来のからだ、如来の智慧、如来の光が具わっている。そういうことをあらわすためにわたくしはこれを如来蔵という、つまり、そういう意味をこめて、すべての衆生はことごとく如来を内に宿している如来蔵である、と世尊はお説きになるわけであります。

そうしてそのことは、わたくしはたまたまいま説いたけれども、何もいま初めてそういうことになったのではなくて、如来がこの世の中に出ようと出まいとに関係なく、つねにこのことは真理なのである、それは真理として確立している、ということをここで世尊が宣言なさるのであります。

お経の中には、いろいろきまり文句とか型があります。その型どおりのことばが使われていたときには、それが何を意味しているかということがおのずからわかるようになっておりまして、「如来が世に出ても出なくても」、つまりお釈迦さまが悟ろうが悟るまいが、宇宙の真理というのはきまっていると、原始仏教のときからいわれておりますが、それは縁起《えんぎ》の真理であります。縁起の教えは仏教の基本であるといわれておりますが、縁起の教えというものはほとけさまがこの世に出ようと出まいと、つまり悟りを開こうが開くまいが、そんなことにかかわりなしにつねに永遠の真理、絶対不変の真理である。そういう絶対不変の真理ということをあらわすのに、こういうことばを使うのです。

そこで、『如来蔵経』において世尊が、すべての衆生は如来を内に宿している如来蔵である、あるいは如来の胎であると宣言して、そのことをもって、宇宙の絶対不変の真理だぞとお説きになった。わたくしは、まさにこの宣言において、如来蔵思想というものがお経の中で初めて説かれたのだと感じるわけであります。インドにおいて、如来蔵思想が『如来蔵経』から始まったというのは、そういう意味であります。

そのことはさておきまして、そういうふうにしてまず最初に奇瑞をあらわして、いわばその理論そのものをあらわすのに、如来の像をそこにそのまま持ってきたわけであります。が、実際に如来がいるといわれたって、おなかをいくら切りきざんだところで、如来さまは出てくるわけはないのです。ですから、それだけでは納得がいかないと思われたのでしょう。続けて次のいろいろな比喩を出してくるわけであります。

一、蓮華の中の諸仏
二、蜜蜂に囲まれた蜜
三、皮殻に包まれた米・麦
四、不浄処に落ちた金塊
五、貧家の地下の宝蔵
六、樹木の種子
七、ぼろきれに包まれた仏像
八、貧窮女の懐胎する転輪王子
九、鋳型の中の宝像

先にもうしあげたのは「蓮華の中の諸仏」という、第一番目の比喩でありますが、第二番目には蜂に囲まれた蜜、蜂の巣にある蜜で、蜂蜜をとることに巧みな男が、蜜蜂の巣には蜂がたかっておりますから、これを巧みな手段で追い払って、そのあとで中にある甘い蜜をとる、それと同じように、ほとけはたいへん巧妙な手段をもって、その衆生を覆《おお》っている蜂のとげのような煩悩をとり除いて、内なる蜜にも比すべき如来をそこにあらわし出して見せる。隠れているものを外にとり出すという働きがあるというのが、二つ目の比喩であります。

そこでは、蜂が怒るととげで刺すわけですから、そういう怒りというようなことで煩悩を代表させているといってよろしいのかもしれません。そういうような煩悩に囲まれているもの、その煩悩を如来は巧みな方便をもって眠らせて、とり除く。煩悩をとり除くと、内なるほとけがおのずからあらわれてくるというのであります。

その次も似たような比喩ですが、お米とか麦類、麦には裸麦もありますから、われわれにとってはお米で代表させてもよろしいかと思いますが、そこにはいろいろな穀物の名前がずっと並んでおりますが、そういう穀物は外皮に包まれ、のぎがついていたりなどして、そのままでは食用に供することはできない。お米屋さんはそれを精白して、――精白するというのは清めるという意味のことばですから、清め精白して、中のお米をとり出し、食用に供する。そういうことがたとえとして使われているのです。それと同じように、如来は煩悩の殻をとり除いて、衆生の心を清めてくれるのだという。精白することと心を清めることとが、ここでは結びつけられて説かれているわけであります。

四番目のたとえは、不浄処《ふじょうしょ》に落ちた金だというわけです。不浄処ともうしますのは、このごろではほとんど見かけなくなってしまいましたが、十二、三年前まではあちこちにありました肥だめであります。そういう汚い汚穢《おわい》に満ちた場所に落としても、金は性質が不変であって変わらない。どんなところにあってもさびることもないし、変わることもない。そこに、何十年、何百年、何千年落ちていようと、あとからそれをとり出せば、たちまちもとの光をあらわし出す。それと同じように、衆生の内にあるほとけの本性というものは、いつも決して変わることがない。たまたま、汚い煩悩に包まれているから汚く見えているだけで、その本性はちっとも変わらないのであるということをここでは説いているのです。つまり如来蔵とか仏性といわれているものは、永遠不変のほとけと同じ本質であって、絶対に変わらないものであるというい方を、金のたとえでしております。金のたとえというのは、本性不変のもの、変わらないものという意味でよく使われておるのでありまして、仏性・如来蔵のたとえとしてもしばしば見かけるものであります。

五番目にはこれも有名なものですが、貧乏人の家の地下深くに宝が隠されている。地下の宝蔵です。あるところに貧乏人がいましたが、実はその家の地下にはたいへんな宝物が隠されているのです。ところが、この貧乏人はそのことを全く知らないし、その宝物のほうも口がきけないから、わたくしはここにいますよなどということはできない。ところがそのことを知っている智慧のある人がこの貧乏人に教えて、家の下を掘って宝をとり出してその貧乏人を助けて、幸福にしてあげる。それと同じように、地下の宝蔵にも比すべき如来と同じ本性が、衆生の中にあるにもかかわらず、その哀れな衆生はそのことを知らないで、生死《しょうじ》輪廻《りんね》の世界に迷っている。ほとけはそのことを知って、地中の宝蔵をとり出してこれを救ってやるのだというたとえであります。

このたとえは実は大乗の『涅槃経』の中にそっくり使われております。話は少し長くなっております。この二つだけを比べた場合には解釈のしようはいろいろありまして、『涅槃経』のほうがもとで、それを『如来蔵経』が使ったのだという考え方も成り立つのであります。同じ比喩が二つあって、どっちがどっちを借りたというようなことになりますと、先ほどもうしましたような理由によりまして『如来蔵経』のほうが先であるとしますと、『涅槃経』はこの九つの比喩の中で特にこの地下の宝蔵の比喩を大事にして、それをもって仏性をあらわしたというふうにわたくしどもは解釈しておるわけであります。

六番目は、いままでの地下の宝蔵とか金の比喩は変わらないものという面でありますが、今度はちょっと趣を変えてまいります。いろいろな樹木の種子は、それぞれ地の中に埋まって、水や肥やしを与えられ、そのほかのいろいろな条件が加わりますと、そこに芽を出して、やがて生長して、大きな樹になってくるわけであります。衆生が持っておりますほとけと同じ本性も、これをいろいろの力で助け、育て、養っていくことによって、やがてこれが如来という大きな樹に生長してくるのだと、ここでは、修行や何かの結果としてそこにほとけがあらわれるのだという。仏教でいう昔からのいい方でありますけれども、それが生かされておりまして、したがってここで衆生の内にある如来というのは、最初から五つまでの比喩でやりましたように、如来そのものよりは如来の種子であるということがわかってくるわけであります。如来蔵というのは、どちらかといいますと実際はそうなので、如来となる種子です。

そういう意味でいいますと、これは衆生が容れ物であるという考え方ともう一つ並んで、衆生のほうがほとけの胎児である、これからほとけになるほとけの胎児であるという意味のあることが、このたとえから知らされます。胎児は、まだ如来ではないわけです。しかし、それが成長して如来になるわけです。赤ちゃんは大人ではないが、成長すれば大人になる。これは自明のことであります。それと同じように、衆生の内にいて隠れているものというのは、如来そのものではなくて、如来の胎児、実はその如来の赤ちゃんなのです。しかし、その如来の赤ちゃんは栄養を与えなければ成長しないわけで、いろいろなやり方をもってこれを助け、育てていかなければならないわけです。ほとけはその育て助ける役目をするわけです。あるいは菩薩もそれをするかもしれませんし、また先達の人々もそれをするということになろうかと思います。とにかくそういうふうにして、種子をだんだんに育てて樹にまでしあげるという仕事が、周りの人々には課せられることになろうかと思います。

先に、「ガルバ」ということばは、容れ物であるといったのですが、確かに、ガルバということばのもとの意味はつかむということ、つかんで中に何かを入れる、それがガルバのもとのことばの意味でありますから、容れ物のほうが元の意味なのですが、インドのことばは不思議でありまして、そのガルバということばで中身のほうもいうのです。中身というのは胎児であります。だから、ガルバということばで両方の意味があるので、そこから、前に述べたように『仏性論』にあるような理論的な説明が出てくるのであります。ですからその場合、如来の中に包まれているというのとちょっと意味がちがうのですが、ことばとしては如来の容れ物ではなくて、如来の赤ちゃんだという意味、あるいは日本的な表現をすれば、如来のたねといったらいいのかもしれません。そういう意味で「樹木の種子」といって、ここに生長させなければならないもの、おのずから放っておいて生長するかどうか、そこにはたいへん問題があるということが裏に隠されているのです。そういう意味をいまの例では樹木の種子であらわしたわけです。

次はそのものずばりで、人間のたねの問題として胎児を比喩にとりあげます。それが、第八番目のたとえであります。話のついでで一つ順序を飛ばしますけれども、いまの樹の種子に続けてお話し申しあげます。

貧乏な身寄りのない女、身寄りのない者を預かっている建物——アナータシャーラ、身寄りのない者の家とありますから、このお経のできたころのインドには、養老院か孤児院のようなものがすでにあったということでありましょうか——そういったところに住んでいるひとりの女性がいた。ところが、その女性は赤ちゃんを身ごもっている。実はその赤ちゃんのたねは転輪聖王《てんりんじょうおう》であって、その王子をおなかに宿しているのになぐさみものにしてすてられたという身寄りのない女なのです。もしもその王子が生まれて、これが王子であるということが認知され、やがて国王になったならば、この女性は国母としてたいへん偉い人になり得る。この問題は、インドの社会というものの構造——日本、中国でもみんな古代はそうだろうと思いますが、下賤ないい方をしますと、たねがいいのか畑がいいのかという問題で、家父長制の世界ではたねを重んずるわけでありますから、どんなに身分の卑しい女の人のおなかに生まれても、王の子供は王子として王様になる資格があるわけであります。もしも逆に、皇后が臣下と結ばれたりした場合には、その皇后は追放を食って身分を落とされてしまうのですが、その逆の場合には子供のほうが偉くなる。このことは、『マヌの法典』というインドの法律の本に書いてあります。そういう社会制度の反映であります。とにかくそういうことで、貧乏していても、おなかの子供が転輪王《てんりんおう》の王子である、将来転輪王になることもあり得るのだという。それと同じように、生死の苦に迷っていても、衆生の持っているたねは、将来如来となる如来のたねであるというふうに、ここでは如来の種ということを、血筋といいますか、如来の家柄という、そういうたね（胤）ということばであらわしておるのであります。

一つ飛ばしましたが、七番目には仏像の比喩が出てまいります。そこで『如来蔵経』のできたときには仏像を祀るという習慣があったということがわかるのであります。「ぼろきれに包まれた仏像」とあって、ある商人が商用があって、砂漠を越えて遠くの国まで旅立たなければならなくなった。そこで、長い間家を留守にするので、命よりも大事にしている仏像を背中に背負って旅に出たというわけであります。ところが不幸なことに、砂漠の途中で災難に遭って、その旅人は死んでしまった。したがって砂漠の砂の下に、その仏像もぼろきれに包まれたままずっと放置されて、百年、千年とたった。ぼろきれに包んだのは、大事なものを持っていると見られると、どろぼうにとられるものですから、汚いきれに包んであったのだという説明があります。そのことを、天眼を持っている人が知っていて、ここを掘れば必ず仏像が出てくるということを、あとから来た旅人に教えてやる。そのとおりに掘ったら、そこからほとけが出てきた。中のほとけは、長い間土に埋もれていたにもかかわらず、少しも変わっていなかった。この仏像は恐らく金仏で、金でできたほとけさまでしょう。そういうふうなたとえがあります。それと同じように、どんなに長い間、輪廻の生死の世界にさまよっておっても、この衆生はいつか必ずそのときがくればほとけになることができる。というのは、中のほとけが必ず姿をあらわすことがあるのだという教えであります。

もう一つ最後のたとえ、これもまた仏像でありますけれども、「鋳型《いがた》の中の宝像」のたとえ。これは、先ほどいいましたような金仏をつくるときのつくり方がここに書いてあるのであります。まず蠟《ろう》で型を造る。彫刻したほとけさまなどの像をつくるわけです。その表に、石膏《せっこう》か何かでそれに合うような鋳型をつくる。次にそれをあたためますと、蠟が溶けて流れ出る。そのあとに、金を熔かしたものを流し込む。やがて鋳型のほうが冷えます。そこで表の鋳型を打ち破ると中からほとけさまが出てくるという金仏のつくり方がそこに書いてあるのですが、如来蔵ということをその金仏にたとえているのであります。その打ち砕く鋳型のように、表にあるひじょうに頑固《がんこ》のように見えているものに煩悩をたとえて、煩悩を外から強く打ち砕くと中の光り輝く金仏さまが出てくるという比喩であります。

この九つの比喩をもって、如来蔵とはどんなものであるかということを教えているわけであります。要するにそのものずばり、これはほとけさまであるというのがお経の説いているいることばどおりの意味でありますから、衆生は如来を内に持っているということをいおうとしているわけでありますけれども、ではその内なる如来さまというのは何だといわれたときに、具体的にいえばこれから如来さまになるはずの如来の赤ちゃんであるわけです。だからこれは育てて、成長させなければならないということになる。しかし成長はさせてもさせなくても、とにかくそこにある如来の子供は、如来と同じ本質を持っている。転輪王の子は転輪王となる本性を持っていると同じように、如来と同じ本性でそれはちっとも変わりはない。その変わらない側面を、金でたとえているわけであります。

光り輝く心――自性清浄心

このお経が終わったあとで、この教えは実はわたくしが説いただけではないということをいう。先ほどいいましたが、如来が出世してもしなくてもということの裏付けのつもりでしょうか、お経では、この教えを最初に説いたのはわたくしではないのだということを、因縁話をつけていうわけであります。そこを見ますと「つねに光を放つ如来」と書いてある。常放光如来というのですが、大昔、昔も昔たいへんな昔、そのまた昔のまた昔なのでありますが、そのあるときに常放光如来というほとけが悟りを開かれておられる。そこで自分はそこに列席して、その法を聞いたのだということであります。ところが、その常放光如来というのはどういう如来であったかというと、赤ちゃんのとき、お母さんのおなかの中にいるときから光り輝いていた。そしておなかから出てきてからも、もちろんずっと光り輝き続け、出家をしたときも光り輝き、悟りを開いたときにも光り輝き、初めて法を説いたときにも光り輝いていた。そして涅槃に入っても、まだ光り続けている。そこで、常放光如来という名前がついた。このほとけさまが初めて如来蔵の教えを説いて、そのときにわたくしはその席に参列して、この法を聞いたのだ、ということであります。

赤ちゃんのときというか、おなかの中にいるときから光り輝いていて、ずっと最後まで光り続けている、この光り輝いているものというのは、いまここでいいました如来蔵を象徴的にあらわしているわけです。衆生の内にある如来とか、如来の胎児とかいっておりますが、そういう光り輝いているものである。

そういうものを別のことばでは、原始仏教からのお経の中で探しますと、自性清浄《じしょうしょうじょう》心《しん》――光り輝く心といわれているものです。清らかな心といいますが、この清らかというのには清浄と、光り輝くという二つのことばがあり、ここでは光り輝いている心となります。一体何が衆生の内にあって、ほとけになる可能性なのかというと、本来清らかに輝いている衆生の心であります。

衆生にはすべて宝蔵がある。だれであれ、それを信じてみずから努力すれば、最終的には菩提《ぼだい》を得ることになるであろうと説かれております。最終的に菩提を得るに至る、そのもとになるもの、たねになるものは何かといいますと、光り輝いている衆生が本来持っている心であります。あるいは衆生の持っている心というのは、本来そういうもので、如来と同じ心である。それを光り輝いているといっているのです。これが一つの側面であります。

もう一つは如来の智慧であります。如来の智慧は光にいつでもたとえられます。如来の本質は、そういう智慧の光なのです。ですからこれは、如来が中にいるというのと同じことをいっていることになろうかと思います。

その衆生の持っている光り輝く心と、如来の智慧というものは本来同じもので、同じものが、あるとき如来の智慧となって光り輝き出てくるわけであります。それが光り輝き出てくるためには、衆生は発心し、菩提心を起こし、菩提に向けて心を起こし、そして修行していかなければならないわけですけれども、しかしそうすれば必ずほとけになることができるのだということを、この『如来蔵経』は光のたとえをもって教えているようであります。

けっきょく、いきついたところはわれわれの心なのであります。われわれの心の問題として、それがほとけと同じ本性のものである、そのほとけと同じ本性であるということを理由に、だから如来となれるのだというふうに教えているのが、この『如来蔵経』の教えです。

しかもそこに例外を認めない。一切衆生というところに、如来の慈悲の働きを考えざるを得ないわけであります。すべての衆生が救われるというのは、如来の慈悲の働きであります。すべての衆生の内に、ほとけと同じものが宿っているのだということを見通すのは、如来の智慧の力であります。その智慧の力によって如来は、衆生の内にある清らかな心に、如来となる可能性、如来の芽といいますか、たねといいますか、そういったものを見出して、如来の慈悲によってすべてのものが如来と同じになれるようにしむけようとする、これは如来の慈悲にほかならないわけであります。そういう如来の慈悲心の結果としてこの教えが出てきたわけでありまして、如来がすべてのものをあまねく光被するといいますか、光で覆ってゆく、そういう如来の慈悲の働きを抜きにして、この如来蔵の教えというものは考えられないのです。としますと、そこからおのずから出てくるわれわれの気持ちは、そういう教えを説いてくださった如来に対する信心だということになるのでありまして、如来蔵の教えは、また一方では如来に対する信の教えということになります。

わたくしは日ごろ考えておりますが、インドの仏教の中には、二つの流れがあろうかと思います。同じ大乗の経典の中で、二つのいき方があると思うのです。一つは菩薩教でありまして、これは悟りを求めて修行をするという方向に重点を置いているお経で、『華厳経』の中の十地品などはそうです。だんだんに修行を進めることによって菩薩の階位があがっていって、仏の位に近づくということで、インドの仏教の中では、どうもそちらのほうが主流のように思われるのであります。

ところが、『法華経』にしましても『華厳経』にしましても、たしかに菩薩として、こういうふうに修行をせよとまめに教えているわけですが、その背後に説いておりますものは、如来の慈悲であります。如来が表面に出てきて、如来の力をほめたたえているというお経が多いのであります。大乗経典の出発点は、どうもそちらにあったように思われるのです。

これは、いってみますと如来教であります。先ほどいいました修行を主に進めるほうを菩薩教と名づけるとしますと、これは如来教といったらよろしいでしょう。阿弥陀さまの教えももちろんその中に入るわけですし、『法華経』もそうであります。『如来蔵経』も、やはりその線から出てきたお経であろうと思います。この『如来蔵経』では、その修行にはどうしたらいいかというようなことは何も説いてないわけで、ただほとけになる可能性というものを如来の立場から教えているわけでありますから、紛《まぎ》れもない如来教の系統に属する教えなのです。

これは、こむずかしい修行ということも大事ながら、何よりもその前に、この教えを信ずるということが先に要求される。信じた上で修行をしろということで、信ということが土台にあって出てくるわけですから、そういう点で見ますと、これは修行の宗教というよりは、信の宗教のほうに近いものがある。

日本仏教はそういう点で見ますと、どうも本筋は信の宗教のほうで、修行面のほうはあまりやかましくないようです。一方から見ますと、怠けるといいますかたいへん堕落した仏教にもなっていくわけですが、どちらにも利害得失があるわけで、どちらの傾向かという点でいいますと、大乗経典の持っております一番本質的なもの、そのいわんとしているそのものずばりをことばであらわしたのが、この『如来蔵経』であったろうというわけであります。

時間がなくなりまして、最初にちょっと予告いたしました『華厳経』との結びつきをお話しすることができなかったのでありますけれども、『如来蔵経』の一番最初に説きました、蓮華が開花して、それがしぼんで云々というこれは、『華厳経』の世界——華蔵《けぞう》世界です。奈良の大仏の毘盧遮那《びるしゃな》仏は、無限の蓮華の花びらの中に全部ほとけがいるという世界ですが、これとつながる教えであるということだけ申し添えておこうと思います。如来蔵の教えといいますのも、いろいろ説明の仕方もありますし、この『如来蔵経』のあと、たとえば『勝鬘経《しょうまんぎょう》』というようなお経で理論的にもっと深められていって、たいへんむずかしく説かれるようになってくるのですが、その問題につきましては、きょうは一切省略をいたしました。しかし、『如来蔵経』というのはそういう意味で、如来蔵の教えの一番大事なところでありますし、またわかりやすい教えであります。後世の仏教史の伝えるところによりますと、この『如来蔵経』は、幼童が好んで誦して、たいへん親しまれたということが書いてありまして、さもありなんと思われるお経であります。

如来蔵と「我」

最後に、この如来蔵思想はインドの外道の「我《が》（アートマン）」の思想と同じではないか、あるいは龍樹の空の思想とはどういう関係にあるのだろうか、との疑問がおありかと思いますので、説明しておきます。『如来蔵経』は、龍樹よりもあとに出てきたお経と考えられます。龍樹の教えの中にはこういうことばがありませんし、そういう教えも説かれておりません。

最初の「外道の我と同じではないか」ということ、これは如来蔵を説いているお経がみな気にしていることで、『勝鬘経』は、これは「我」と同じではないということを明言しております。『入楞伽経』もやはりそのことに触れております。ですから、仏教の教理の展開の一つとしていいますとこれは「我」ではないといわなければならないのでありますけれども、その説き方からもうしますと、全くアートマンの教えとそっくりであります。これはインド人のものの考え方として、そういう側面があるのです。先ほどの、如来が衆生の一人一人に入っているという考え方、これはウパニシャッドの中に、この世界の最初にアートマンがあって、これから宇宙世界が展開したという話がありますが、その宇宙世界が展開したときに、アートマンがどうなったかというと、アートマンは分裂していくわけで、その分裂したアートマンが、一つ一つの動物の中に、みんな魂となって入り込んでいくというのです。すべての動物の中に入り込んでいく。だからアートマンは、この世のすべてのものにあるのだという説き方をしております。法身が衆生の一人一人の中に入っていると、これは『華厳経』の「三千世界の微塵《みじん》の中に含む」という比喩で説かれているところで、これが如来蔵経のもとになったところだと思うのですが、そこにも全く同じ説き方をしておりますので、確かに似ているのであります。しかし、アートマンとは何ぞやといわれて分析したときに、まず如来蔵が自性清浄心だ、ほとけの智慧だという説明があって、これは輪廻において不変の状態を保ってずっと輪廻を続けていくような実体ではないと、教理的には説明はついているのです。

それから、空の思想との関係ですが、それは、そういう実体がないということが、当然空の教えであるということですが、大乗経典の初期のころの『般若経』とか、『法華経』『華厳経』にしてもそうですが、そういったところで説かれていることを、ナーガールジュナ（龍樹）が三世紀ごろに出て、大乗の真理はこれであるということを、『中論』ではっきりと明らかにされた。それが、空の教えであります。空についてはいろいろな説き方ができますけれども、たとえば実践的な問題とすれば、これは執着を持たないということでありますから、まず最初にお釈迦さまが空ということを教えられたとすれば、それはあらゆるものに執着するなということで、『金剛経』でいう「応無《おうむ》所住《しょじゅうに》 而生《しょうご》 其心《しん》」、とどまるところなくという教えにもなってきているものであります。しかし龍樹などは、それをやはり哲学的、理論的に解釈しますし、無我ということの一つの表現として、大乗経はこれを空というのだといいます。それから、『般若経』も自性清浄心ということをいう。清浄という意味は、そこにものがないということであり、何にもなければきれいなのであります。そこにいろいろなものが入ってくると汚くなる。きれいであるというのは、からっぽである、何も煩悩がないという意味です。そういう意味で清浄といったという説明を『般若経』あたりはいたしますので、清浄ということと空ということは、教理的につながってくるのであります。ですからこの如来蔵の教えでいいますと、われわれが実際にあると思っておりますいろいろな煩悩でもそうですし、この世のいろいろなことでもみなそうなのでありますが、そういうものは実際にはないのであって、すべてがないというのが『般若経』、あるいは龍樹の教えであり、「一切皆空」ともうします。「一切皆空」と説くと、先ほど名前をあげました全くの虚無主義に陥ってしまうおそれがある。だから、そうではなくて、ここにはほとけの本性があるのだと『宝性論』とか『仏性論』ではいっておりますす。ですから、空の教えに基づいた上で、それの誤解をとり除くことが一つの役目になっているということを、如来蔵思想は自負しているようであります。自負はしておりますけれども、やはりその説き方に、仏性があるというふうに説きますと、またそれにみんなが滞ることになるのでありまして、アートマンと同じ考えになってしまう。そこを絶えず注意しろということを、お経でも、論典でも申しますが、またこの説に対して異を唱える人たちは、如来蔵の教えは要するに外道の我の教えと同じだといういい方をして、非難もしているのであります。

その辺は複雑でありますが、やはりこれは、空の教えに基づいているのだということは、はっきりともうしあげなければならないことだと思います。

仏性の話

仏になる可能性

さきの「如来蔵と仏性」では、主に「如来蔵《にょらいぞう》」についてお話ししましたが、ここでは「仏性《ぶっしょう》」についてお話をすることにいたします。如来蔵と仏性とは同じことを指しているはずなのに、なぜ改めて仏性という言葉を使うのか、ということが問題になりますが、はじめにその「仏性」という言葉の意味あたりから申し上げてみようと思います。

仏性といえば、『涅槃経』の中の「一切衆生悉有《いっさいしゅじょうしつう》仏性《ぶっしょう》」という言葉がすぐに思い浮かびます。これは日本の仏教の伝統の中では、一番大事なところを説いた言葉であると考えられてきました。日本の仏教は、この「一切衆生悉有仏性」ということを土台にして、そこから出発しているように思えるのであります。

また、仏性ということを別の角度から見たとき、禅の語録の中にある「狗子《くし》仏性《ぶっしょう》」（犬ころに仏性があるかないかという問題）が思い浮かびます。これは禅宗の伝統において非常に大事にされている公案の一つであります。

趙州《じょうしゅう》和尚に対してある修行僧が、一切衆生悉有仏性とお経に書いてあるけれども、では犬ころに仏性があるのか、と聞いたところ、趙州和尚は即座に「無い」と言った。ところが別の機会に同じ僧が、同じことを聞いたところ、こんどは「有る」と答えた。

このように「一切衆生悉有仏性」というお経の言葉に対して、禅の方ではその仏性があるかないかということを問題にしております。このように私どもの育ってきた仏教の歴史の中には、こういう二つの伝統があるといえます。

これを文字から考えると、「性」というのは本性という意味の性でありますから、仏性というのは仏の本性、仏の性質ということになりますが、これを英語に直すと、ブッダ・ネーチュアと訳す例が多いので、つまり、自然の、生まれつきの仏の本性なのであります。

さて、「一切衆生悉有仏性」の衆生というのは申すまでもなく、生きとし生けるものということで、人間も含めて有情《うじょう》のもの（情《じょう》を有するもの）をいうのであります。感情・情緒・感覚を持っているもののことで、すべての生き物はみな仏の本性があるというのであります。まことに簡単明瞭ですが、禅宗流に「仏とは何ぞや」といろいろにひねくり回すと、「庭前の栢樹子《はくじゅし》である」といってみたり、あるいは「乾屎橛《かんしけつ》（糞かきべら）である」といってみたり、いろいろ勝手な答えが出てきて、かえってわからなくなってしまうようであります。

しかし、仏教の成り立ちから考えると、仏というのはいわゆるブッダ（悟った方、覚者）であるのだから、仏性というのは悟った者の本質であるといえます。悟った者の本質、それは悟りということにほかならない。仏が仏であるゆえんのものは何かといえば、それは悟りである。何となれば悟ったから仏といわれるのである。

それでは、「悟り」とは何であるかということになります。実は大変むずかしい問題にちがいありませんが、言葉のうえからだとごく普通に日常生活でも使っている言葉で、その限りではむずかしいことはない。物事をはっきり知ること、すなわち、やっとその意味を悟ったという言い方を普通していますが、悟ったからといって、このときにはブッダになったとはいわない。

「悟る」という言葉をインドの言葉にずっと遡ってその意味を考えてみますと、「悟る」と普通私どもが訳しております動詞は、「覚」という字に当たると思います。もとの意味からいいますと、それにはつむっているものが「開く」という意味があるので、「開覚」という言葉にもなります。インドではいつも蓮華の花が例に出てきますが、つぼみが開くのが「ブッドゥ（budh-）」という動詞の意味であります。同じように私どもが朝になると目が開くのも、やはり「ブッドゥ」であります。「目が覚める」というときの「覚める」という動詞の過去分詞が「覚《さと》った」ということであるとすると、それは開いている状態をいいます。朝、目が覚めた人もその意味ではブッダであるけれども、夜になって眠ってしまうとブッダでなくなる。

それはさておいて、いわば心の目が開けたという意味で「覚った」という言葉がある。そこから物事を理解するという意味になるのですが、さらにもっと深く、宗教的な意味で物事の究極の理を知ったことがブッダであるというように使われるようになってまいります。

そこで、比喩的に迷いから覚めたものという言い方もするわけですが、目は覚めて行動はしていても、心の目はまだ覚めていないのがわれわれであり、一切衆生であって、真理に目覚めたブッダから見るとき、みな迷っている者であります。その迷っている者、仏でない衆生が、仏と同じ本質を持っているというのはどういうことであるか、これが一つの難問になるのであります。

ところが、仏陀も悟る前は凡夫《ぼんぷ》であったという言い方もあります。歴史的には、カピラヴァッツ郊外のルンビニーでお生まれになったときは仏陀はただの人であったはずですが、その方が悟りを開いて仏になった。それならば凡夫のわれわれも仏になり得るわけで、仏になるであろう衆生は仏と同じ性質があると考えられます。しかし仏の性質があれば仏であるというい方からしますと、まだ仏でないものは仏の性質はないということにもなりますが、将来仏になる可能性があるということなのであります。「一切衆生悉有仏性」というのは、あらゆる衆生に仏となる可能性があるということで、仏と同じ本質だけれども、まだそれが開いてない。開くとか開かないというときにはそういう感覚が確かにある。そここにあるけれども、隠れてしまって眠っているというわけです。たとえば目の玉でいえば、眠ってまぶたがかぶさっていれば目の玉は見えないけれども、まぶたが開けば中の目の玉が出てくる。そういうことで、隠れているものである。こういう感覚がそこにある。いまは隠れているけれども、覆《おお》いが取れると、それが見えてくる。

もともとそれがあるのだという感覚になってくるとき、仏の本性があるという言い方ができる。その仏性のことを如来蔵（如来を蔵している、その中に如来が隠れている）という言葉にすると、もっとわかりやすいと思います。仏でない者になぜ仏の本性があるかということは、仏になる可能性があるのだといえば、たしかに理屈としては通るのでありますが、この理屈としては通る言葉をそのまま受け取って解釈したときにどうなるか。そこからまた「狗子に仏性ありやいなや」という問題が出てくる。

狗子に仏性ありやというのは、当然「一切衆生悉有仏性」という経典の言葉をふまえて言っているわけで、犬ころも一切衆生のうちですから、仏性ありと答えなければならないはずのものでありますが、犬ころには仏性がないというなら、仏さまのおっしゃったことに矛盾するではないか、こういう問題が出てくるのであります。

「仏性」の語源

その問題に入る前に、もう少しインドにおける仏性という言葉の成り立ちを考えてみたいと思います。

さきに、一切衆生が仏性を持っているということは、衆生はだれでも仏になる可能性を持っているからだと申しましたが、その仏になる可能性とは何であるかというと、常識的には、人を殺すとか物を盗むとかいうことはしてはならないことですから、そういうことをしている限り、その人は仏にはなれないが、それに対して、積極的によいことをする人は仏になる方に一歩近づいている。仏教の言葉では善根功徳《ぜんこんくどく》を積むということであります。したがって、仏になる原因として善根功徳というものが考えられるわけです。現にお釈迦さまの伝記を見ますと、生まれる前からお釈迦さまは無限に長い生の繰り返しにおいて、幾度も幾度も生まれ変わる間に善根功徳を積んで、積功累徳《しゃくくるいとく》してきたといわれているわけです。善根功徳を積んだ結果として仏になった。だから皆も善根功徳を積むことによって仏になる可能性がある。ただし、その善根功徳の積み方というのが大変で、お釈迦さまの積んだ善根功徳というのは三阿僧祇劫《あそうぎこう》にわたっています。一劫というのは宇宙が一回なくなってしまうというくらいの長い時間ですが、その劫が繰り返されること三阿僧祇。阿僧祇というのは無数ということで、インドでの数の最高の単位ですが、さらにそれの三倍というのであります。その結果、仏になられたといわれています。そういう意味で善根功徳を積むことは確かに仏となる原因であり、現に仏さまはその結果として仏になった。

しかも、そういうことがどんな衆生でもできるというときには、人殺しをした者でも、人殺しをして地獄に堕ちた者でも可能性があるということなのであります。

こういうふうに、善根功徳を積むことが仏になる原因であるけれども、それを三阿僧祇劫にわたって積まなければ仏になれないものなのかどうか。また本当に人殺しをして地獄に堕ちた者でも仏になれるのだろうか。こういう問題があるわけですが、実はこの両方の面が「一切衆生悉有仏性」という言葉の中には含まれているのであります。

インドにおけるこのような仏性の思想、すべての生き物に仏となる可能性があるという考え方は「如来蔵」という言葉で最初に現わされました。

インドの仏教の歴史からは、如来蔵という言葉が先に出て、仏性という言葉はそれを説明するような形で出てきたのですが、漢訳された歴史でいうと、『涅槃経《ねはんぎょう》』が伝えられたあとで如来蔵という言葉を説いているお経が入ってきています。そして、広がった影響力という点では仏性の方が上ですが、それは中国の言葉としては如来蔵より仏性の方がわかりやすいからだったと思われます。

そこで、この仏性でありますが、『涅槃経』で初めて「一切衆生悉有仏性」という言葉で現わされるような内容が宣言されました。現わされるような内容と申しましたのは、インドのお経ですから中国語で書かれたのではないという意味であります。

その仏性という言葉についてはいままでお話ししたとおりですが、もう一つの点について申し上げておきたいと思います。それは、たとえば望月辞典（望月信亨編『仏教大辞典』）などでは「仏性」の項に、もとのサンスクリットの言葉が buddha-tā, buddha-tva であると出ておりますが、この二、三十年来インドで発見された写本からわかったことは、すこし違っているのであります。ここで tā とか tva というのは抽象名詞をつくる言葉ですから、仏の本性、仏の仏たるゆえんを抽象名詞化するなら仏性といえるわけですが、しかし、そういう言葉が出てきた場合に、漢訳の仏典は仏性と訳さず「仏体」、「仏身」、「仏位」というように訳している。仏性ということと同じようではあるけれども、衆生が仏性を持っているというとき、そのことがただちに仏の位であるのではないということでありまます。仏の位にはまだいたっていないわけですから、可能性という意味をどうしてもそこへつけなければならないということなのです。仏の本質だけれども仏であるということで現わされているものではなくて、仏ではない状態において隠されているもののことを仏性という。そういう使い方にはっきり区別のあることがわかったわけであります。

そこで「仏性」というときにはどういう言葉を訳しているかというと、これがまた二つあって、一つは、buddha-dhātu であります。「ダーツ」という字は普通には「界」と訳されている。「法界」の「界」ですから、その通り訳せば仏性ではなく「仏界」です。もう一つは buddha-gotra という言葉で、これは種姓（家柄、種）であります。バラモンにはバラモンの「ゴートラ」がある。クシャトリアにはクシャトリアの「ゴートラ」がある。どこそこの生まれということで姓がきまり、それから生まれながら持っている性質というので「性」という字が使われる。生まれによってきまっている性質が本性ですから、「せい」という字は「性」であっても「姓」であっても意味の通じるところがある。したがって「仏性」の「性」も「姓」が使われる場合があるのです。ともあれ、仏の家に生まれた者は仏になるというのが一つの考え方であります。すべての衆生は仏の家の子供、仏の家に生まれた者で、仏の家に生まれたのだから仏になれるというこの血筋主義はずっとお釈迦さまの時代までたどっていけるのであります。

仏教に入門することを釈子《しゃくし》になるといい、いまでも戒名に「釈何々」とつける場合はお釈迦さまの家柄の人になるという意味なのです。釈はお釈迦さまの家の名前です。お釈迦さま自身は釈迦族の出身ですから文字どおり釈子です。そのお釈迦さまの弟子になった者はみなお釈迦さまの子ですから、仏教を信じ、仏教徒になった者も全部釈子です。また仏弟子はそういう意味で仏子と呼ばれている。釈子、仏子となった者は世俗的な家柄とか身分とか階級を捨てて、ひとしなみになる。それはガンジス河やインダス河などの水がひとたび大海に入れば、みな海という一味になってしまうのと同じである。こういうふうに説いているわけで、これが四姓平等の教えであり、精神的な意味の釈迦族です。これがゴートラで、種姓という観念の起こってくるゆえんであります。

だれであっても、輪廻《りんね》してこの世に生まれてきたときに、この仏さまの教えを聞いて仏教徒になる可能性がある。仏教徒になれば、全部これは仏の家に生まれたものであり、仏の家に生まれた者はみな仏になる可能性がそこに出てくる。そういうことが一つ考えられます。大乗の仏教はことにそういうことを広く衆生一般に対していうわけであります。

大乗仏教の仏性観

仏教では、原始仏教からずっと専門の比丘《びく》・比丘尼《びくに》が主になって教団をつくってまいります。在家の信者はとかく外に置かれていたわけであります。その中で仏教がだんだん専門化して、狭いものだけに限られる。また仏さまというのは大変偉い存在であるから、われわれは修行してもとうてい仏にはなれないのだという感覚を持ったわけであります。そういう出家の専門の教団の人々が考えた哲学では、どんなに偉い修行者でも、修行して最後には阿羅漢《あらかん》になることはできるが、仏陀にはとうていなれない、仏陀というのは全く超越的な存在だとしたのです。また出家して、誰も師匠としないで（無師）ひとり工夫して修行を積めば、仏の教えを聞かないでも悟りを開くことは可能であると仏教ではいっております。そういうふうにひとりで修行して悟った者を「独覚《どっかく》（あるいは縁覚）」というわけですが、独覚は独覚にとどまっていて、仏陀とはならない。

それに対して大乗の教えは、すべての者が仏の教えに従って修行するならば必ず仏になれるはずであるということです。それにはひとたび志を立てて修行に励むならば、という条件がつくわけです。この仏になろうという志、悟りを開こうという志が菩提心《ぼだいしん》で、それを起こすことを発菩提心《ほつぼだいしん》、略して発心《ほっしん》というのであります。出家・在家を問わず、発心して修行するならば、将来必ず仏になれる。仏になろうというのは大それたことのように思われるけれども、悟りを開こうというのは自分のことであるとともに、すべての衆生を救うためであって、現にお釈迦さまはそういう目的をもって悟られたのであるとお経には説いてあります。そういう志を立てた者が菩提薩埵《ぼだいさった》、略して菩薩《ぼさつ》でありますが、その菩薩になった者は将来仏になり得るわけです。出家であろうと在家であろうと、だれでも仏になり得る。これが大乗の教えであります。出家の専門の坊さんだけが修行できて、しかもその最高は羅漢《らかん》どまりであるというような教えは仏さまの真意ではなく、あらゆる衆生を救うために修行するところにこそ仏の真意があって、その仏の真意をおのれの身に体して修行に励む者が菩薩でありますが、その菩薩にだれでもなれるというふうに説くところから大乗仏教が始まったわけであります。

ところが、この大乗仏教の説き方にもいろいろ出てまいります。この大乗の教えは大変すぐれている、それに対して羅漢どまりのことしか教えない教えは小さな狭い乗り物で小乗である、小乗ではだめだ、大乗でなければならない、こういう説き方が最初の大乗仏教が起きたころにはあったわけです。それまでにあった行き方を排除していこうとしたわけです。

それに対して、いやそうではない、そういう行き方も一つの行き方であるし、現にお釈迦さまもそういう行き方があることは説いておられる。が、それはあくまでも手段的なもので、そういう行き方をしなければ最後の悟りに導けない者のために手段として説かれた方便《ほうべん》である。仏さまの真意はあらゆる衆生を、それがたとえ小乗の教えを実践した人であれ、あるいは間違って外道《げどう》の道に入っていた人であれ、あるいはそういう道をけなして地獄に堕ちた者であれ、どんな境遇にある衆生であれ、最終的にはこれを全部救うということが仏の教えであり、またそれを救い得るのが仏の教えである。だから道がいろいろに方便として分かれているようであるけれども、究極的にはこれは一つの道きりない。その一つの道というのは一乗であり、そして仏になる乗り物─仏乗で、仏への道である。こういう主張が出てまいります。それが『法華経《ほけけょう》』の教えです。

だれでも救われる教え、だれでも仏になれる教え、それを説いた仏は大変偉大なものであるということで、仏に対する讃美の歌となっているのが『法華経』であります。

この『法華経』で説いている一乗の教えまでまいりますと、もう「一切衆生悉有仏性」という言葉はすぐ間近になってくるわけであります。事実、『涅槃経』は一方では一乗という教えを土台としているわけでありますが、この一乗の教えを土台にしてもう一つ理論的に進めると、すべての衆生――羅漢になるべく出家修行している人はもちろん、たとえ地獄にいても、外道の教えに従っていた者でも、最終的には仏の道に入り、仏と同じ位に達することができるはずである、そういう可能性が全部の者にあるはずである、こういうふうに説くことになるのでありますが、それでは何もしないでも仏になれるのかという問題がそこに当然残ってきます。

そして一切衆生の中には如来の家柄におらず、仏性を徹底して持っていない衆生もいると説く仏教の宗派も出てきて、仏性のありなしが論争されることになるのです。

悟りとは何か

さきに述べた「ダーツ」という言葉は、『華厳経』の系統から出てきています。そこで説かれている毘盧遮那《びるしゃな》仏というのは法界《ほっかい》そのものです。いわば宇宙全体が法界で、仏さまのからだはその宇宙と同じ大きさであるから、われわれはみなその宇宙そのものの大きさの仏につつまれていることになります。『華厳経』で説いている仏さまは、単に悟ったから仏であるというようなものではなくて、宇宙そのもののような仏である。それが法界としての仏で、その仏は別にまた法身《ほっしん》という言葉でもあらわします。

そこで悟りとは何であるかといった時に、単に朝目が覚めるとか、花が開いたとかという問題でないことは当然であります。仏さまは真理を悟ったのだといわれますが、その真理はまた「法」という言葉でもあらわします。その真理、法というものを悟ったのです。悟るというと、向こう側にあるものを目で見て理解するというふうにも思うのですが、悟るということは単に法とはこんなもの、真理とはこんなもの、というふうに理解することではないということが、お釈迦さまの説いておられることからわかります。それは法と一体になることです。別の言葉でいうと、法そのものになった仏さまを除いてほかにどこにも真理はないということであります。すなわち真理を体現しているのが仏である。その仏が体現した真理というもの、法というもの、これはまた別の言葉で「真如《しんにょ》」「如」ともいいます。仏のことを如来ともうしますが、その言葉がいまいった真理と一体になるということをあらわしています。如来と同時に「如去《にょこ》」ともいいます。真理を理想の世界と考え、それを向こう側にある彼岸の世界とすると、「到彼岸《とうひがん》」という表現にもなる。向こうに行くということで、如に去る、如去ということで、真理の世界に行ったということです。ですから仏さまが悟ったということは別の言葉でいうと如去です。しかし、その真理の世界を向こうにある世界と考えないで、ここにある世界と考える、あるいは真理の世界を中心に考えると、仏さまは真理の世界でないところから真理の世界に到来した、如に来たったということで、如来という。最初に如来という言葉が仏と同じ意味に使われたのはそういう意味合いに使われていたようであります。真理の世界に至って真理と一体になった仏さまです。後になると、その真理の世界からまたわれわれのところに身をおろしてこられる。いわゆる和光同塵《わこうどうじん》であって、身をおろしてきて迷っている衆生の世界に姿を現わされたのであるから、如より来たったから如来であると普通私どもは如来という言葉を解釈しております。

その真理の世界と一体になられた仏さまは目に見えない法身である。その目に見えない法身がもう一回われわれに目に見える姿で現われてくるのが如来なのであります。悟りというのはそういうふうに真理と一つになることであります。そしてその真理の世界からこちらに下りてくるのが仏さまの仕事であるという解釈が確立してまいります。

その真理の世界を、われわれが住んでいるこの娑婆《しゃば》世界とは別のところにあるというふうに考えるのももちろん一つの考え方ですが、大乗仏教の哲学は、真理の世界はじつはわれわれの世界を離れてほかのどこにもあるものではないということを説いています。『維《ゆい》摩《ま》経《ぎょう》』には「娑婆《しゃば》即浄《そくじょう》土《ど》」・「生《しょう》死《じ》即《そく》涅《ね》槃《はん》」とあります。真理の世界というものは何もわれわれのところを除いてあるのではない。つまりわれわれの住んでいる世界がそのまま裏を返せば真理の世界である。だが、これをわれわれ凡夫の目から見るときには、どこまでも娑婆世界であって、あらゆる欲望がうごめいている、汚れの世界であるわけですが、如に入って如と一体になった仏さまから見ると、その同じ世界が全部真理の世界、法界《ほっかい》である。そしてわれわれ一人一人もその仏さまの目から見れば全部その真理の世界の一コマにすぎないわけです。『華厳経』はそういう世界を説いているのであって、それは仏さまの目から見た世界なのであります。われわれ一人一人の中に法界の光が行き渡っており、仏さまの眼から見たときにわれわれ一人一人には仏さまと同じ智慧が身にしみ通っているのであります。『華《け》厳《ごん》経《きょう》』の「性《しょう》起《き》品《ほん》」に、「一微《み》塵《じん》の中に三千大千世界を含んでいる」という大変有名な比喩があります。真理の世界というものは宇宙全体で、その全体の中にわれわれ一人一人が入っている、いわば微塵であります。微塵の集合によって全世界ができている。

われわれの世界も真理の世界と同じであるとすると、その世界の中にあるわれわれ一人一人もまた真理の一かけらである。その一かけらの一微塵の中にそれぞれ三千大千世界という真理そのもの、仏さまの法身が全部入っている。こういう哲学を『華厳経』は繰り広げました。この考え方からしますと、宇宙の中でだれ一人法界の外にある者はないわけです。全部真理の世界の中にある。真理の世界の中にあるということは、全部一人一人が真理の光、智慧の光をあまねく被《こうむ》っているのである。真理の光、智慧の光ともうしましたのは如来の智慧で、如来が慈悲をもって衆生を見ているということにもなるのです。如来さまの目から見ると、衆生は全部如来さまと同じ智慧を持っているのだという、それを『華厳経』では、「奇なるかな奇なるかな、衆生の一人一人が如来の徳相を具備して、わが身と異ならず」といっているのであります。しかし残念ながらそのことを衆生は知らないから、自分が法を説いて教えてやるのであるという如来の慈悲の働きが出てくる。

仏の眼から見た世界

如来の慈悲と智慧の光で見たときには、一切衆生、衆生だけではなくて、有情も非情もありとあらゆるものが真理の光を受けている。仏の家に生まれたも生まれないもないし、菩提心を起こしたも起こさないもない。一切の衆生は全部仏の世界の中にあるわけであります。

ですから「ダーツ」というのはむずかしい観念ではありますが、言葉からいいますと土台という意味で、法の成立する土台、それが法界であります。ということは、その法の成立する土台が法界にある一つ一つに全部あるから、法界全体が法の世界になる。仏となる土台が、仏界、仏性で、仏となる土台を皆が持っているから、その皆の集まった世界は仏の世界である。全体が仏の世界の中にあるのだから、みな仏となる土台をもっている。

われわれが仏になる可能性を持っているというようなことではなくて、仏のほうから見たときに全部そういうふうに衆生を包み込んでしまう。如来の目から見たならば、そこに悟れる者とか悟れない者とか、そんな区別は何もないのだという、いわば仏さまの慈悲の極限をここであらわしている。これが「ダーツ」という言葉の使われている意味なのであります。

結局、すべてこれは仏の目から見ていることをいっているのであります。われわれがそういうふうに自分でわかるわけではないのです。われわれとしては、ただお経に説いてあることをもとにして、なるほどそうである、ということを信じていくということになるわけです。その意味で仏性というのはこの信じることを除いてほかにはないのであります。

またその土台があるからこそ発心をするのだという説き方もされているわけであります。

ただ、この仏性があるという言い方は大乗仏教の教理の中で一つ特異な面があったのであります。なぜ中国に『涅槃経』が伝わってきたときに皆が騒いだかといいますと、その前に中国人が知っていたのは『般若経』で説かれている空の思想でありましたから、『涅槃経』が伝わってきたときに、すべての衆生に仏性があると説いてあるが、一体どちらがお釈迦さまの本音だろうかということが問題になりました。中国では大変やかましい論争が出てきているのですが、インドでも事情はほとんど同じであったろうと思います。しかし、空であるということと仏性があるということとは決して矛盾していないはずで、仏性があるというのは物があるというような意味ではないのです。仏と同じ性質がある、ただしその仏と同じ性質は仏の目から見たときに初めてわかることで、仏の目にならなければわれわれにはわからないものでありますから、もしも自分には仏性があるのだから、何もしなくても仏になれるのだということで、何も努力しないということになると、実は仏性があったところで何の役目も果たさないどころか、むしろマイナスの働きをすることになります。

日本仏教は仏性があるというところから出発しており、その教えが本覚《ほんがく》法門ということでありますが、同じことが仏の願《がん》によって支えられてできているのだということを強調しますと本願の教えとなるわけであります。しかし本願ということをほこって修行しないと、これは堕落してしまいます。比叡山における平安時代の仏教のあり方がそういう一つの堕落のあり方を示していたということで道元禅師も親鸞聖人も、あるいはまた日蓮聖人にしても、みなそこからもう一つ新しい宗教運動を起こそうとして山を下ってしまった。

道元禅師の持った疑念は、一切衆生に仏性があるということが説かれているが、ではなぜ三世の諸仏が修行して悟ったのか、本来仏性があるだけではなくて、さらに天台の教えによりますと本来法性身《ほっしょうしん》で、もともと悟っているのだという、ならばなぜ修行して悟ったというのか、その疑念を持ったけれども、比叡山の上ではだれも答えてくれなかった。そこから仏性のありなしの問題、仏性とは何ぞやという問題が道元禅師にとって一生の問題になってきたわけであります。この道元禅師における仏性の問題というのがじつはわれわれが仏性をどう考えるかということで非常に重要な課題と解答を与えてくれているのでありますけれども、それはまた他の機会にいたしたいと思います。

一切衆生悉有仏性

一切衆生悉有仏性

本日の題に掲げました「仏性」、これは、もうすでに何度も仏教のお話をお聞きになっておられます皆さま方には、もう耳慣れた言葉であろうかと思いますが、字は仏の性と書きます。読んで字のごとしで、仏の性質とでも一応申し上げておいたらよろしいかと存じます。この仏性という言葉は、もちろんお経の中に出てまいりますが、すべてのお経に、こういう言葉がでてくるわけではありません。この仏性という言葉が使われました最初のお経と申しますか、初めてこの言葉を使ったであろうと一応私どもが考えておりますお経は『涅槃経《ねはんぎょう》』、大乗の『大般涅槃経《だいはつねはんぎょう》』というお経であります。この涅槃経に、「一切衆生《いっさいしゅじょう》悉有仏性《しつうぶっしょう》」という言葉があります。

この言葉は、普通「一切衆生はことごとく仏性を有す」と訓読しております。ことごとくという言葉は、一切という言葉と同じことを繰り返して強調しているだけでありますから、一切の衆生に仏性がある、と言ってもよろしいわけであります。

この「一切の衆生に仏性がある」ということ、これは一つの命題です。この命題が仏の教えの真理である、仏の教えの究極のところは、一切の衆生に仏性があるということを言おうとしているのである、というふうに、この『涅槃経』では言っているわけです。そこで、仏性の話をしようとすると、まずこの「一切衆生悉有仏性」という命題をめぐって、お話をすることになると思います。どのお経でも、仏性のことが説かれております場合には、この『涅槃経』で説かれました「一切衆生悉有仏性」という命題をめぐって、いわばその解釈、解説というような形で、説かれているのであると、こうお考えいただいてよろしいと思います。

仏教の言葉と申しますと、たとえば、よく仏教では空《くう》を説くのだ、というような言い方をいたします。この「空を説く」というときの「空」という言葉の中には、お経の中で説かれておりますやはり一つの命題がかくれているわけであります。それは、一切の存在は空である、ということなんですね。一切の存在は空であるということを「空性《くうしょう》」という一つの言葉で表わすわけであります。

われわれが仏性、仏性と、こう問題にいたします。その「仏性」という言葉を、仏教のお経に即して話しますときには、その背後に、「一切衆生悉有仏性」というこの命題がかくされているわけであります。そういう意味の「仏性」であります。そういうことを始めに、銘記しておいていただきたいと思うわけでございます。

さて、この「一切衆生悉有仏性」という言葉の中には、いくつかの要素が入っております。まず、「一切の衆生は」——これが主語ですね。そして「ことごとく仏性を有す」これが述語になるわけでありますから、一切の衆生というのは何であるか、ということが一つの問題。それから、次に仏性ありという場合には、「仏性」とは何であるか、という問題。それから、「仏性がある」という場合の「ある」とは、どういう意味か、という問題、これがございます。

それから、主語の「一切衆生」では、「衆生」に対して「一切」「すべての」、という形容詞、限定詞がついてるわけです。限定詞といいましても、「すべての」ですから、むしろ限定してないといった方がいいのですが、どんな衆生でもというわけでありますから、その「一切」という意味は、どういう意味であるのか——こういったいろいろな問題があるわけです。

文章の解説であれば、まず「一切」とはなんであるか、ということから始めたほうがいいかと思いますけれども、この問題は、衆生に仏性がある、というその「衆生に」をさらに説明して「一切の」と言っているわけですから、この問題は一番最後にしたいと思います。

次に、衆生ですが、衆生は仏教でいいますすべての生きもの、命あるもの、あるいは、感情、感覚を持っているもの、というような意味でありまして、別の漢訳の仏典では「有《う》情《じょう》」という言葉を使っております。その中には、仏教的な理解に基づきまして、ただわれわれ人間だけではなくて、あらゆる種類の生きものが入っております。生きものと申しましても、現在の生物学の見方からいえば、植物だって生きものであるし、ばい菌でもなんでも生きものであります。けれども、生きものという中には、古代のインド人は動物を主に考えている。なぜ、すべての動物が衆生という名前で一括されているかといいますと、これは輪廻《りんね》という考え方がありまして、いわゆる地獄に至るまでの六道《ろくどう》に輪廻している生きものすべて、これが衆生であります。

そういうものが仏性を持っているというわけであります。そこで、仏性とはなんだ、ということから始めることにしたいと思います。

仏性とはなにか

仏性という言葉は、最初に申し上げましたように、仏の性質であります。最近、私がお話をしておりましたある小さなサークルで、仏教の勉強をしておりまして、こちらから逆に、「仏性というものはなんだと思いますか。」ということを聞いてみました。そうしましたら、いくつかの答えが返ってきたのでありますけれども、それは「仏心《ぶっしん》である」という答えが出てまいりました。これは、おそらく一番正しい答えであろうと思います。ところが、すぐそばですかさず、しかし仏心ばかりじゃ人間生きていけないよ、という声が出てきたわけです。つまり、「仏心」という言葉を解釈いたしますと、慈悲深いということを多分考えると思います。お人好しで、人にだまされて、なんでもかんでも、自分の持ってるものをみんな人にくれてしまったりなんかして、自分は貧乏しても相手を助けてる。あるいは、だますほうが悪いはずなのに、だまされているのは愚か者である——そういうことばかり多分頭に浮かぶわけでしょう。そこで、そんな仏心ばっかりじゃ暮らしていけないよ、という答えが、出てきたのだろうと思います。

ですから、私どもが普通に考えますときに、「仏心」と申しますと、そういう慈悲深さというような意味あいで考えているということがわかりました。この慈悲深さというのは、確かに仏性の一つの現われであろうと思います。もう一つ、その慈悲深さと同時に、仏教の教えるところに従って申しますと、もし仏心であれば、そこに仏の智慧が当然なければならないわけです。だから、智慧と慈悲と、この二つとなって現われてくる。それを仏性といっているのだと、こういうふうに解釈できると思います。

ところで、この『涅槃経』の中で「一切衆生悉有仏性」と言われましたときの、「仏性」という言葉の意味を考えてみますと、それは「仏になるもと（因、素）」というような意味なんですね。「性《しょう》」という字は、漢訳は大変うまい訳を与えたのでありますけれども、もともとのインドの言葉でいいますと、性質というような意味ではなくて、原因、あるいは「もと」ですね。「もと」と言いますのは、たとえば、「味の素」なんていうときの

「素」で、それが後で仏になってくるような何か……要素ですね。そういうものを仏の性と言っております。ですから、仏性とは仏となる原因ということなのです。

衆生の中に、——この場合の衆生と申しますのは、仏さまでない人たち、ということになります。つまり、悟ってない衆生、三界《さんがい》に輪廻している衆生、迷っている衆生を指すわけです。たとえ迷っていても、その人たちが、その衆生が仏になれるのだと、そういう意味あいをこめまして、仏性があると言っているのであります。

そこで問題は、その仏となる原因とは、では何を指すのか、ということになりますし、またその仏となる原因が「ある」というのは、どういう意味であろうか、ということが当然問題になってくる。

なぜかと申しますと、仏教では、片一方では先ほどちょっと触れましたように、すべての存在は空であるということを言っておるわけであります。すべての存在が空であるということを言ってるそばから、「仏性がある」と、こういう言い方をいたしますので、じゃ、その仏性と空であるすべてのものというのと、どういう関係があるんだということが、当然問われますし、「すべてのものが空である」、というそのすべてのものの中には、逆に言いますと、「あり」と言われる仏性は属していないことになるので、すべてのものは空だけれども仏性はあるんだ、という、言葉だけ考えますと大変な矛盾がそこにあることになります。

仏教と申しますのは、すべてがお釈迦さまの教えに基づいている、ということになっております。なっておりますという言い方は、はなはだ不遜な言い方でありますけれども、歴史的に見ますと、いろいろなことがいろいろなお経に説かれておりますが、必ずしもそれがすべてお釈迦さまが悟りを開かれてから、お亡くなりになるまでの四十五年間に話された言葉とは限らない。むしろそれ以外の言葉がたくさん文字になってお経になっておるわけであります。にもかかわらず、それがすべて仏の教えである、ということになっております。これは仏教の建て前です。

そこで、その仏の教えであるということは、仏教徒にとりましては、これは真実でなければならない。すべての教えが真実であるといたしますと、すべてのものが空である、ということも真実ならば、一切の衆生に仏性があるということも、真実でなければならないですね。そうでなければ仏教でなくなってしまうわけです。ですから、すべての衆生に仏性がある、というときに言われている、「ある」という意味は、すべての存在が空である――空であるということは「無い」ということでありますが――その「無い」と言われていることとは、そのときの「ある」とか「ない」とかということとは、ちょっと別のところで言われているんだと、こう考えざるを得ないのであります。

事実、大乗の教えというのは、すべていま申しました「すべての存在は空である」、ということを前提としている、というふうに考えなければなりませんので、すべてのものが空であるにもかかわらず、仏性があるのだという点に、この『涅槃経』の教えの特徴が考えられるのであります。

自性清浄心

仏になる原因というのは、一体何を指すのかというふうに、この問題を考えてみます。端的に申しますと、これも仏教のお経の中でいろいろと前から説かれていることの結論といたしまして、『涅槃経』の中にそういう考え方が含まれていると考えるわけでありますけれども、その仏となる素と申しますのは、清らかな心「自性《じしょう》清《しょう》浄《じょう》心《しん》」であると考えられるのであります。われわれが持っておりますす心は、いろいろの心の働きを見せているわけでして、いってみれば、汚ない心もあるし、非常にきれいな心もある。あるいは、心がきれいに働くときもあるし、汚なく働くときもある。愚かに働くときもあれば、賢く働くときもあるといったほうが、ほんとうはよろしいのですが、そういううちで、清らかな心というのが、衆生のもともとの心である――こういうところから出発している。

さらにまた、その清らかな心というのがどういうふうに説明されているかと言いますと、白いハンケチにたとえられているのです。白いハンケチは手を拭いたりなんかしますと、汚れてきたなくなります。しかし、またこれを洗いますと、もとの白さがもどってくる。この白いハンケチのたとえで、実際にお釈迦さまから教えられて悟った弟子がいたわけであります。それは、周利槃特（しゅりはんどく）という弟子で、なかなかお経の文句が覚えられないで、みなからバカにされていた人であります。しかし、お釈迦さまはその弟子の気持ちを察して、ハンケチを渡して、このハンケチを見て修行しなさい、ということをお命じになった。そして、周利槃特は、ハンケチが汚れるけれども、洗えばもとにもどる、ということから、心が本来そういう清らかなものである、ということを悟った、と言われています。心というものは、そういうもので、つまりハンケチにかぎらず白紙とか白いきれとかにたとえてもよろしいわけです。何も塗ってない紙、そこに字を書けば汚れますが、汚れは洗えば落ちる、これはたとえですから、そういう白紙のような気持ち、これを清らかな心といっているのであります。それが仏心に通じるんだと、こういうのであります。

その白紙のような心に汚れがついてくる、というのですから、汚れそのものは、心の中に本来あるものではありません。それは一時的によそからついたものであります。そういう心の汚れのことを「煩悩《ぼんのう》」と申します。その煩悩は「客塵《かくじん》」である。「客《かく》」というのは、主人に対して客でありまして、そこに住んでるものでない、よそから来た人です。一晩泊まって帰るかもしれないし、一時間で帰るかもしれない。煩悩も、いま、たまたまそこに附着しているけれども、もともとそこにあるものではないという意味で「客塵」というわけです。この煩悩が災いしまして、いろいろ次々と悪いことを引き起こすわけでして、その煩悩のために、いろいろの業を積み重ね、その業の結果、いろいろの苦しみを受ける

（惑→業→苦）。そういう世界をわれわれは繰り返しているわけでありますが、しかし、それはもともと、われわれが本来そうなっているのではなくて、たまたまお客さんの――招かざる客でありますけれども――煩悩がついたためにそういうことになってしまった。ですから、これは除くことができるわけであります。そういうものを除いたとき、仏となる。そこで、われわれの姿と申しますのは、表面から見ますと、煩悩がくっつき、そのためにいろいろの業を起こし、そして、いろいろと苦しんでいる。しかしながらその背後といいますか、その底といいますか、そこには清らかな心というものがあって、ただそれがかくされていて、見えないのだ、と説明をするわけです。そこで、その浄らかな心の上をおおっております煩悩、客塵である煩悩というものを払いのけ、それを取り除いてまいりますと、そこにもともとからある清らかな心が輝いてくる。その輝いてきたときを仏というのである。こういうふうな説明がなされるのです。

　そこで、別の言い方をしますと、その清らかな心こそが仏にほかならない、われわれの内なる仏である、とこういうふうに言います。仏のことを如来といいます。そこで、如来がかくされているということで、これを「如来蔵《にょらいぞう》」という言葉で呼ぶこともあります。お経のうちには、「仏性」という言葉がなくて、この「如来蔵」という言葉が出てくるものがありますが、「如来蔵」と「仏性」とは、実は同じものを指しているとお考えくださって結構なのであります。一切の衆生に仏性がある、という言い方と並んで、「一切の衆生に如来蔵がある」と、こういう言い方をしている場合がございます。あるいは「一切衆生が如来蔵である」という言い方をしている場合もある。その場合には、如来がそこにかくされているという意味ですね。

ところで「如来がある」ということは、「物がある」というのとは違う意味であると考えなければならないのですが、それでは、如来とか仏陀とは何だ、ということが問題になります。しかし、仏とは何ぞや、という問題をここで話し出しますと、たいへん長くなってしまいますので、とりあえず、悟りということが仏と同じであると考えて、「悟る力が衆生の中にある」ということを、ここは意味しているんだと考えていただきたいと思います。

仏のはたらき

こういうふうに言葉の説明でいきますと、どこまでいきましても、「ある」とか「ない」とかいうことを言わざるを得ないのでありますけれど、「仏」という場合、仏の働き、先ほど言いました仏心でもよろしいんですが、そういうものを抜きにして仏というものはありません。私どもは礼拝《らいはい》の対象としてはお寺のご本尊が仏であると考えておりますけれども、仏というのは、そういう木仏や金仏ではなくて、「悟った」ということでありますし、「悟った」ということは、悟られた宇宙的な真理、その真理そのものと一体となること、というふうに、われわれは解釈するのであります。その真理を「真如《しんにょ》」という言葉で表わし、その真如を略して一字で「如《にょ》」とも言います。仏のことを如来とも呼んでおりますが、如来というのは、この真如の世界、真理の世界に至りついた人、あるいは真理の世界からこの世にやってきた方、というふうな意味があります。

ですから、「如来」と「仏」は同じものを指している、ということでありまして、「仏」といいますのは、そうしますと、実は悟りの内容、悟りそのものを指しているのです。そこで、仏性が「ある」というのは、悟る原因が衆生そのものに備わっている――こういうことになります。「ある」というのは結局存在していることで、何かあるなら、中にかくれているならば、それを取り出してきて見せろと、こういうふうに言われるかもしれませんけれども、そういうふうな形で見せられるものではないわけですね。そういうものとしてではなくて、これは働く、何か力として存在している。そういう働きがあるわけです。仏の働きというものを潜在的に衆生が持っているのだ。もちろん、働きというのは、外に表われて効果が出てきませんと、働きの意味はなさないわけです。もしその働きが外に表われれば、これは仏であります。しかし、その働きがかくれている間は、それはまだ仏ではないのでありますから、衆生は仏ではないですね。しかし、仏となる力がある。

その仏となる力を持っている点では、仏も衆生も同じである。こういうふうな理屈をいろいろ並べてまいります。

仏教では「悟る」といいますと、悟るというのは体験をすることである、体験の世界というのは言葉で表わせない、というふうに申しますが、そういうそばから、その体験の世界というものを言葉で表わしませんと、他人にはこれを伝えることができない。そういう仏の働き、あるいは悟りの力といいますか、そういったものをだれでも潜在的に持っていて、ある一定の段階を積んで修行すれば仏になれるといっても、実際にその人が修行していかなければ意味がないのであります。いくらこれを聞いたって、何の意味もないことでありますけれども、しかし、そのことを教え、それを聞くことによって、聞いた人のほうで、非常にそこに励ましを受けるとか、いろいろの効果は当然あるわけで、ともかくわれわれは、そういう体験でも、言葉に表わせないものでも、言葉で表わさなければならなくなる。そういう結果、一切衆生に仏性がある、というような言い方がなされているのでありまして、この言葉の解釈だけで終わってしまったのでは、どうしようもないことであります。

「一切」の意味

そういう仏の働きというものを、衆生はみんな可能性として備えている。そういうふうに説明いたしますと、その可能性というものを、では、一切の衆生、だれもがみんな持っている、それはほんとうであろうか、という問題がこの次に出てまいるわけです。

たとえば、ここに物盗り、強盗、人殺し、そういうことをした罪人がいる。それも、またまやむをえない状況のもとで、仕方なしにやったという人もありましょうし、そうではなくって、それを専門にしている人間もいる。そういう盗みや人殺しとかというのは、仏さまの教えでは禁じられていることですが、そういうことをする人にも、やはり仏性があると言えるのかどうか、という問題が出てまいります。あるいは、お釈迦さまは嘘をついているんだ、でたらめを言ってるんだと、こういうふうに言う人も、事実お釈迦さまの在世時代にはいたわけですが、そのように仏の教えをけなす者にも、やっぱり仏性があって、悟ることができるのだろうかと、こういうことが疑問になってまいります。

人さまによく恵みを与えて、そして仏さまの言いつけを守って生活をしている人々、「布施を行ない、戒を守る」とこういうふうに仏教では言っておりますが、そういう人々は、死んでから天国に生まれることができると、お釈迦さま自身も言っておられたようでありますす。そういう人ならば、またさらに出家して修行を続ければ、悟れること疑いなしと、私どもの常識で考えますと、こう思うのが普通でありますが、悪いことをした者にも仏性があるのかどうか、ということがひとつ引っかかります。『涅槃経』には、そういう悪いことをしている人にも仏性があるのだと言っておりますが、一つだけ例外がありまして、「ただし、一闡提《いっせんだい》を除く」と言っております。この「一闡提」という漢字で表わしている言葉は、この世のことにばかり欲望の突っ張っている者、こういう意味なんですね。

そういう者は仏の教えを顧みない、あるいは、仏の教えというものを誹謗する。これは仏さまにはなれないよ、こういうふうに書いてある。

しかし、それでは「一切」という言葉には例外規定ができてしまうことになります。法律の言葉というのはみんなそういうもので、何か条文があって、ただし何々と書いてあれば、その分だけ除くということで、それはそれで文章としては間違ってないでしょうけれども、しかし一切ということが一切でなくなってしまうわけですね。こういう問題が『涅槃経』自身の中でも、あとになってから問題にされます。そして、一闡提というものに仏性がないと言ったのは、一闡提が改心して、仏教を信ずるようになるようにと願って言ったのであって、一闡提といえども、仏教を信じさえすれば、それはもう仏性があって、悟りを開くことができるんだと教えております。

もう一つ問題がありまして、これは、この『涅槃経』のできた当時の、世間、仏教界の問題であります。仏弟子のことを「声聞《しょうもん》」といいますが、声聞は大乗のほうから申しますと、小乗といってけなされているのですが、この小乗の人たちは、自分たちはどんなに修行しても、仏になれないと、自分たちで決めてしまっていたわけであります。阿羅漢《あらかん》にはなるのですが、仏にはならない。仏というのは、自分たちとは全然違った存在であると、こう考えた。そういう考え方に対して、大乗では、まさにそれが大乗であるゆえんでありますが、全部の人が、仏さまの教え、大乗によって道を進んでいけば、最後は仏さまと同じ悟りの世界に入る。つまり、仏になれるのだと、こう言ったわけであります。

ですから、一切という言葉の中に込められている意味は、悪いことをした者でも、という意味と同時に、もう一つは、仏には全部の人がなれるとは限らないというか、むしろ人間はどんなに修行しても阿羅漢になるだけで仏にならないのだ、という小乗の教え方は、仏さまの真意ではない、ということも言いたかったようであります。『涅槃経』が説かれたのは、そういう意味であったと思うのです。

仏性のはじまりは「信」

すべての衆生が仏になれるというのは、実は『涅槃経』よりも前に、大乗のほかのお経でさかんに言われていたことなのであります。ただしその場合、「仏性がある」という言い方はしてなかったんですね。それは『法華経』の教えでありまして『法華経』によりますと、すべての仏教の教えはただ一つの乗物である、一乗である。その一つの乗物というのは、すべての衆生が最終的に仏の世界、悟りの世界に入れるように導いていく乗物であると、こういう教えであります。

ですから『法華経』で申しております一乗、「一仏乗」といいますが、その一乗の教えというものが、形を変えまして、『涅槃経』において、「一切衆生悉有仏性」という言い方に変わってきたものと思われます。

そこで、その両方をつき合わせてみますと、たとえば『法華経』では、三界《さんがい》の衆生といっております。三界の衆生とは一切衆生と同じことです。迷いの世界を三つの段階に分けて「三界」と言っているのですが、どっちにしましても、三界は迷いの世界、その迷いの世界にいる衆生はすべてことごとくわが子であると、こういう言い方が『法華経』の中に出てまいります。仏さまの目から見ますと、どんな悪いことをしている人間でも、どんな畜生《ちくしょう》の姿を持っている衆生でも、あるいは地獄に堕ちている衆生でも、これはすべて自分の子供であるというのです。仏の子供というのは、比喩的に申しますと、子供はあとで大きくなって大人になるわけでありますから、あとで仏になるものだと、こう解釈することもできるわけですね。仏の子供は仏ではありませんけれども、仏になれるから仏の子供なのです。そうすると、一切衆生に仏性があるというのと、『法華経』で仏さまの言葉として、三界の衆生はことごとくわが子である、と言っておりますこととは、同じことであります。

そして、一切衆生に仏性があると、私どもが言ったのではなく、仏がそれを言ったのであるということを考え合わせていただきますと、仏性があるとかないとかいうようなことは、私どもが、私どものさかしらな心で判断して、言うべきことではないということになります。仏さまの方から眺めてそうおっしゃってるだけのことなのです。だから、私ども自身はほんとうはそんなことを知らないのです。自分でわかったわけじゃないんですね、そういうことは。ただ、仏さまがそういう言葉を残してくださって、そうおっしゃっていらっしゃるから、私どもとしては、その言葉を信ずるところから出発しなければならないわけです。

この「仏性あり」という思想は、そういう意味で、信、仏の教えに対する信ということを前提としています。そして、まさに仏の教えを信ずるということが、実は仏性の始まりである、ということを仏性とか如来蔵について解説した論典では、説いているわけです。ただ、これはあくまでも出発点でありますから、信じたならば、それだけですべてが片づくのか、つまり仏になれるか、と申しますと、そうはいきません。少なくともインドの仏教の教えでいいますと、そこから修行が始まるのだ、ということになります。

なぜ「仏性」が説かれたのか

最後に、インド仏教の歴史の中で、どうして「仏性有り」という主張が現われて来たかということについて考えてみたいと存じます。如来蔵・仏性の思想を組織的に論述した『宝性論《ほうしょうろん》』という論典に、なぜ「一切衆生悉有仏性」と説くのかということを質問の形で出して、その質問に答えるという形をとって、これを説明しているところがあります。お釈迦さまはなぜ「一切衆生悉有仏性」と説いたのか。——この疑問点がどこから出てくるかというと、先ほど申しましたように、すべての存在、私どもが見ている限りのすべてのものは、ことごとく空である、実在しているものではない、というふうに、たとえば『般若経』の中ではさかんに説いているわけであります。にもかかわらず、なぜ仏性が「ある」と説くのかと、そういう形で問題が出てくるのでありますが、――その質問に対する解答として、五つの点が挙げられております。

一つは、自分は全く能力がなくて、とうてい悟りなんて開けないんだ、というふうに衆生たちの心がひるみ、修行に入らない。そういう、自分を劣ったものであると考える傾向、それを阻止して、それを止めて、いや、そんなことはない。修行すれば悟りが開けるんだというふうに言って、激励する。それが第一の目的である――こう言っているのであります。これは、「仏性あり」の「あり」ということにかかっていると考えていいと思います。

第二番目は、仏性があるというと、おれには仏性があるけれども、おまえには仏性がないぞ、というような見方を当然人間はするわけですね。自分はえらいけれど、おまえはだめだとか、そういうふうにして差別して考える。それに対して、それを防ぐために、一切衆生に仏性があると説いているのだと思います。この場合には、一切衆生という、「一切」ということに非常に意味がかかっていると思います。これが第二番目の理由であります。つまり、自分も他人もひとしなみに、平等に、仏性がある、だれもがその点で同じである、ということを教える。そのために、一切というのであると、こう言っております。

第三番目には、私どもは、われわれがある、われわれがここに生きている、われわれが存在していると、こう思うわけです。「われわれ」というのは、インドの言葉で、アートマンと申します。「我《が》」です。我が「ある」と思っている。そういう我見《がけん》というものをなくすために仏性があると言った。よく仏性というのは我と間違えられます。では、「仏性」はちょうど外道《げどう》でいっている「我」と同じようなものですね、というような質問が『涅槃経』の中にも出てまいります。『涅槃経』自身が、仏性というのは、偉大なる我であると、こんな言い方までしているものですから。しかし、この我と申しますのは、生まれてから死ぬまでずっと変わらないで存在し、さらに死んでからも変わらずに、また次の生《しょう》に移っていくようなものであり、インドの、仏教以外の教えでは、そういうものがあると教えております。それに対し、われわれが持っているものはそういうものではなくて、仏の働きがあるんだ、ということを教えるために、仏性を説くんだ。つまり、この場合には、仏教の無我説というものと、仏性が「ある」ということとは同じことを言っているのだと、こう言おうとしているのであります。これはまた空の教えというのとも、同じといっていいかも知れません。

第四番目に、これは、真実存在する値うちのあるもの、それをも「ない」と言ってそしることを防ぐためだと、こういうのであります。一切は空である、ということを聞きますと、じゃ仏も空だ、仏の教えも空だ、何もないんだ、何もしなくてもいいんだと、こういうふうに誤解する人々が多い。インドではそういう人たちは、ナースティカと言いますが、虚無論者ですね。何にもないんだと、どんな悪いことをしたって、みんな空なんだからかまわないと、こういうふうなことで、道徳的なことに対しても、一切反対する。そういう人々を虚無論者と言っておるわけでありますが、一切が空であるという教えを聞きますと、そういうふうに誤解する向きがある。それを防いで、一切の存在、われわれが実在すると思っている我とか諸法は実在しないけれども、そのように教えられる仏はおられるし、その仏の教えは真実である。その仏の教えられている真実というものは、実際にわれわれが体験して見せるべきものでありますから、それは究極的な目標であり、最高の宗教的価値であります。それすらもないと言ってしまったのでは、もうこれは虚無論者になる。それを防ぐために、その目標達成の原動力というべき仏性があるということを説いているのだと、こういうふうに教えている。これが第四番目の理由であります。

もう一つ最後に挙がっております理由は、我愛《があい》というものを防ぐためだと、こういうのであります。自分、我身《わがみ》いとしやということですね。二番目とも重なっているようでありますけれども、自分だけが可愛いというふうな考え方を防ぎ、自他平等の愛を教えるために一切衆生に仏性ありと説くというのであります。

こういうふうな五つの事がらが起きるのを防ぐために、一切衆生に仏性あり、という教えを説くのである。だから、この教えによって、まず、悟りに向かって努める心を起こすこと、これが第一のものに対する答えである。一生懸命奮励努力する、そういう勇猛心を起こすというんですね。それから、第二番目に、他人に対してこれを尊重する。他人もまた仏性をもっているから、その点で尊敬するに値するのだというふうに、尊敬心を起こす。第三番目には、我見をなくして、そこに般若《はんにゃ》の智慧を起こす。四番目には真実のものがありという、智慧を起こす。このことを「智」という字で、般若と区別しております。すべてのものが空であると解釈する、これが般若で、さとりの智慧であります。それに対して、仏さまがいる、というその「いる」ということは、仏さまの衆生済度《しゅじょうさいど》の働きをさすわけで、それが智の働きなのであります。そういうふうに二つに分けて般若《プラジュニャー》と智慧《ジュニャーナ》という。そして、第五番目に先ほど言いました、我愛、我身いとしやという心の反対として、慈悲の心、利他の心を起こすと、こう言っておるわけであります。

もう一回言いますと、真理の実現に向かって邁進する勇猛心。それから他人に対して、これもともに同じく仏心を持ってるんだということで、尊敬する心、尊敬心。そして般若と智慧と、それから慈悲と、この五つのことが、この一切衆生悉有仏性という教えによって起き、その結果として衆生たちは最終的に悟りの世界に入ることができるのである。そういう目的で一切衆生悉有仏性ということが説かれているのであると説明されておるわけでございます。

「一切衆生悉有仏性」ということをめぐりまして、お話ししなければならないことは、まだいろいろございます。たとえば、中国の禅宗における仏性というものの考え方、それがさらに日本にまいりましては、曹洞宗の道元禅師の『正法眼蔵』の中に「仏性の巻」というような形で、非常に秀れた考察がなされておりまして、あの「仏性の巻」を全部見るだけでも、仏性という問題がいかに重要であるかということがわかると思います。

いろいろございますが、今回は『涅槃経』に説かれております「一切衆生悉有仏性」という命題をめぐりまして、その解釈と、なぜそういう言葉が説かれたかという、その理由と二つの点だけで、お話を申し上げました。

如来と如来蔵

如来蔵と仏性

「如来」という言葉は、どなたもご存じだろうと思いますが、「如来蔵」という言葉は、初めてお聞きになる方も多かろうと思います。また、この字をご覧になっていろいろとご想像なさるであろうと思いますが、たいていそのご想像は当たらないんじゃないかと思います。

たいへん耳慣れない言葉を題目として出したわけですが、私が特に専門に研究した事柄が如来蔵思想といいまして、インドの大乗仏教の中の思想の流れの一つであります。

如来蔵の話をしようといたしますと、仏教の中でこの如来蔵の思想がどういう位置にあって、どういう形で展開してきたのか、何を言おうとしていて、それが仏教の中でどういう意味を持っているか、というようなことをお話ししなければなりません。

本日は、如来蔵の話に入る前段階のような形でインドの仏教のお話をさせていただこうと思っております。

「如来蔵」という言葉はご存じなくとも、「仏性」という言葉でしたらおわかりいただけるかと思います。『涅槃経《ねはんぎょう》』というお経に「一切衆生《いっさいしゅじょう》悉有《しつう》仏性《ぶっしょう》」、一切の衆生はことごとく仏性を有す、そういう文がございます。すべての衆生が仏性を持っている。その仏性というのは、言葉で説明いたしますと、仏となる力、仏となる能力といいますか、可能性といいますか、そういうものをすでに衆生が身につけている、そういう教えです。すべての衆生が皆、仏となる可能性を持っているというこの考え方を、私どもは如来蔵思想と言っているわけであります。

この如来蔵という言葉と仏性という言葉とは全く同じものを指している、同じ事柄を指しているのである、ということをさしあたって心に留めておいていただければありがたいと思います。如来と仏は同じでありますから、「蔵」と「性」は同じかということになりますが、そのへんのことはもう少し問題としてむずかしくなりますので、ゆるゆるとお話をしたいと思います。如来蔵と仏性が同じものを指している。そして「一切衆生に悉く仏性あり」、というのと同じような意味で、すべて衆生が如来蔵である。あるいは、すべての衆生が如来蔵を持っている。そういうことが別のお経には書いてありまして、それが同じ意味あいを指しているのだということがわかります。

さて、その如来とか仏とかいうことでまず、仏とか如来とは何であるかということからお話をしていきたいと思うのであります。仏は仏陀でありますが仏陀がなぜ、如来と呼ばれているのか、そのあたりの所が今回の話の眼目になろうかと思います。その前に、仏教というものがどういう形で始まったかということを、これが如来という言葉遣いとも関連してまいりますので、少しお話しさせていただきます。

成道と梵天勧請

今からおよそ二千五百年前に、インドのカピラヴァストゥの地で王子として生まれた釈尊は、十九歳の時に、あるいは二十九歳の時、出家。この時の出家は文字どおりの家出です。城を捨て、王子の位を捨てて修行の旅に出られる。二十九歳という方が一般の説でありますが、二十九歳で修行に出られ、そして六年間の苦行の後に仏陀伽耶《ぶっだがや》の地において悟りを開かれる。そして仏陀となられたということであります。

この成道という事実によって初めてこの世に仏陀が出現したわけでありますが、その時、仏陀は、自分が悟りを開いたということの確信はもちろんあったわけでありますけれども、悟りを開いたというだけで、さてそれからどうするか、ということについては、いろいろとためらっておられたというのであります。悟ったということは、この宇宙にみなぎる、宇宙を一貫する大真理を発見したということであります。ご自分で悟りを開かれたと言うことで、その場には誰も居合わせないというわけであります。この、自分で悟りを開くということは、その後の仏教の眼目となっております。しかし、たとえば、ここで私が昨日の晩、坐禅を組んでいたら悟りが開けたというようなことをもし言ったとします。多分、誰も信用してくれないと思いますね。仏陀には、おそらくそういう心配もあったろうと思うのであります。

すでに自分は悟ったのだという大確信はあっても、どういう形で、どうして世の中の人に伝えるべきか、あるいは伝えてもしかたないことで、伝えない方がいいのか、そういったことについてのためらいを仏陀が持っておられた。伝説の語るところでございますけれども、その時に梵天が現われてこう告げた。天の声です。天の声があって、汝の悟った事柄というのは未だかつて誰も悟ったことのない大変重要なことである。もちろん、われわれ神々も誰も知らない。われわれもまた汝の悟ったことを知りたいから、ぜひその悟ったことを言葉にして皆に広めてもらいたい。教えとして広めてもらいたい。こういう勧めがあったというのであります。「梵天の勧請《かんじょう》」とこれを呼んでおります。

仏陀が悟りを開いた時の境地というものは、大変晴ればれとした楽しいものだったと伝えられております。その真理を悟った境地、悟った真理を自分で楽しんでいる境地を自受用と申します――「じじゅゆう」と私どもは読み慣わしますけれども、自分で受け用いる、という字で「自受用」と書きます――。英語で言いますと、エンジョイするという事であります。自分でその悟った境地をエンジョイしておられた。そういう状態が、一週間とかあるいは三週間とか、あるいは七週間とか、いろいろ伝えられておりますけれども、そういう状況がしばらく続いていた。仏陀伽耶の菩提樹の下で、そういう自らの悟りの境地を楽しんでいる所に、その梵天の声があった、というのであります。

初転法輪

仏陀が出家をした時、――城を出た時にですね、父親の浄飯王《じょうぼんのう》は自分の家来五人に後を追わせたといいます。これは多分、最初は王子を連れ戻すためであったと思いますが、その決意の固いことを知って、その五人の家来たちは一緒に修行することになりました。ですから六年間の仏陀の修行の間は、その五人のもとの家来たちが、友だちのように修行者仲間として、切磋琢磨《せっさたくま》していたと思われます。その苦行の六年目に、尼連禅河《にれんぜんが》のそばの森で共々に断食の修行をしていた最中に、仏陀は一人だけこの断食をやめて立ち去ったわけです。仏陀の心の中では、そういう苦行によっては、真理を見極めるという正しい悟りには到着しないということがわかったからであろうと考えられます。

一人だけ断食を途中でやめてしまった仏陀を見て、その五人の友だちは、ゴータマは堕落したと言って、自分たちだけでさらに修行を続けようと相談して、そしてその地を離れて別の所に出かけたようであります。

仏陀はその時、断食で衰えた体を回復するために、村の娘さんから牛乳で炊いたお粥《かゆ》をもらって、それを食べた。やがて回復した体力で、悟りを開くまで断じて坐り抜くという決意で菩提樹の下にお坐りになったと、こういうことであります。ですから、その最後に会ったのが、その断食をしている最中の五人の比丘であったわけです。

そういう間柄ですから、悟りを開かれたときも、仏陀はすぐにこの五人のことを思い出されました。そうだ、自分が悟ったということ、その悟った内容というものを、まずあの五人の友だちに告げようと考えられて、五人の行方《ゆくえ》を追って出かけられた。そこで現在のベナレス、――波羅奈《ハラナ》と音写しておりますが、バラーナシーというのが本当の名前です。そのベナレスの郊外にサールナートという所がありますが、そのサールナートにおいて、五人の比丘に巡り会った。

そこでおい君たち、と呼びかけまして、そして、自分が悟りを開いたからと言うので法を説こうとするわけです。五人の友だちは、堕落したゴータマがやって来たというので、最初はこれを避けようとした。しかし、なんとなく威厳に打たれて、どうしたんだと呼びかけますが、その時に、五人の修行者たちは、ゴータマよ、と呼びかけた。これは、昔、一緒に修行した時にゴータマよ、というふうに呼んでいたからのようであります。家来とかという身分の上下関係は出家した身にはございませんので、同じ修行者仲間として名前を呼んでいる。ゴータマというのは、仏陀の家の名前とも考えられますし、本名とも思われるのですが、ともかく、ゴータマ、ゴータマと呼ばれていたのです。

その五人の「ゴータマよ」、という呼びかけに対しまして、仏陀は、今から後、自分のことを友だちづきあいのようにして、ゴータマと呼んでもらっては困る。私は如来である。こういうことをおっしゃったと伝記に書いてあります。そこで初めて「如来」ということばが出てきます。如来は、インドの言葉でタターガタといいますが、タターガタという言葉を漢字に訳しまして、「如来」と言っているのであります。実はそのタターガタという言葉の意味はよくわかっておりません。原始仏教の研究者が如来という言葉の意味とか用法について、今までいろいろ書いておられますが、仏法の中での使い方はよくわかりますけれども、もともとの意味については、いろいろな説がありまして、わからないと言えばわからない所があります。さし当たってどういう意味なのかというと、真《まこと》の人、真人という意味だと考えられます。

とにかく、タターガタである、これからタターガタと呼べ、と言われた。そう言われて、五比丘はその威厳に打たれまして、以後、如来と呼ぶことになりまして、ゴータマという名前で呼ぶのをやめたのであります。しかし、そう言われた時も、五比丘たちがタターガタということばをもし何も知らなかったら、タターガタって何ですか、と聞くはずでありますが、それについて問い返したということもありません。したがいまして、その当時の人は、タターガタと言えば、ああ、そうか、というふうにわかるような言葉であったのだろうと思います。

とにかくこの「如来」ということばは、仏陀に対する呼び名の一つとして、それ以来、仏教の中で使われているのであります。仏陀は、そこでとにかくも元の修行者仲間である五人の友だちに会いまして、そしてこの人たちに初めて自分が悟った事柄を言葉に変えて教えた。これが仏伝の中で「初転法輪《しょてんぼうりん》」と言われているのであります。

「初転法輪」と申しますのは、初めて法輪を転ずる。「法輪を転ずる」と言いますのは、ものの喩えで言っているわけです。具体的には説法をする、法を説くと言うことですが、法という字を省きまして「転輪」といいますと、輪を転がすという意味です。輪を転がすというのはどういうことかと言いますと、自転車とか自動車とか、輪を転がしますと自転車や自動車が前進するわけですね。ですから転輪というのは、車を前に進める、という意味になります。ここで車と申しますのは、その当時の戦車です。戦車と言いましても、タンクではありません。馬に引かせました、二頭立てあるいは四頭立ての馬車ですね。そこに兵士が乗って戦場を駆けめぐるわけです。これが釈尊の当時のインドの民族の戦争の仕方でした。インドの民族と言いますのはアーリア人、インド・アーリア人と言われておりまして、もともとは、北の方からインドの地に、馬の力で、機動力で侵入してきた民族です。馬の力と言いましても、馬に乗るのではなくて馬車を引かせる。そこで、王様が軍隊を進めまして、ある地を征服すると、そのことを転輪と言うのです。車を進める、車を転がすという。そういうわけで転輪というのは、王様が国を統治する働きをたとえて言っている、象徴して言っているのであります。その転輪する王様の中での最高の理想的な王様、これを転輪聖王《てんりんじょうおう》と言います。転輪聖王と言うのは、インド世界全体を統一するような国王を指していたのでありまして、釈尊の頃はまだインド全体は統一されていませんでした。仏伝によりますと、十六大国と呼ばれるように、たくさんの国々がガンジス川の流域にあったわけで、そういう国々の一つ、ことに小さな国が釈尊の生まれた釈迦族の国であったわけであります。とにかくそういうことで、国王が軍隊を進めて土地を征服し、そこを統治するということを転輪と称しているのです。

これに仏陀の偉大な業績をなぞらえまして、仏陀は軍隊を進めるのではなくて、法の車を進めるのである、というので、これを転法輪と言ったのであります。ですから転輪が王様の統治シンボルであるとしますと、それをもって、仏陀の働きをたとえたのが転法輪という事であります。

この、法を説いたという事実によりまして、実は今日、私どもは仏教の存在を知っているのであります。仏陀がもし悟りを開かれたまま、そのまま黙っていたら、仏教というものは今日まで伝わらなかったのであります。そういう意味で、この転法輪という事はたいへん重要なことであると思うのです。特に最初の五比丘、五人の修行者に対しまず説法というのが、その一番最初であったというので、これを記念いたしまして、「初転法輪」と呼んでいるのであります。

仏法僧の三宝

五比丘は仏陀の悟った真理を聞かされまして、そこでそれをなるほどと肯《うけ》がうわけであります。認めたわけであります。そこで、さらにもっといろいろなことが知りたい、ということで、仏陀を師と仰いで、自分たちが弟子となるということを表明したのです。そこで仏弟子が初めて誕生いたしました。

仏の教えと仏弟子とが、そこで成立しました。

仏陀伽耶《ぶっだがや》における成道によって仏陀が出現します。その仏陀が法を説いたことによって仏の教え、法が生まれます。その法を聞くことによって、初めて仏弟子が誕生いたします。この仏陀と、仏陀の教えと、仏弟子、この三つの存在を、仏教ではなくてはならないたいへん大事な宝物である、ということで、三つの宝、三宝《さんぼう》とよんでおります。仏法僧の三宝と申しますが、仏教の成立の由来にさかのぼって考えますと、仏陀伽耶の地において悟りを開かれた仏陀、つまり釈迦牟尼、釈尊、それが仏であります。そしてその釈尊が説かれた教え、それが法であります。法輪を転ずる、といわれた時の法であります。そしてその教えを聞いて仏陀のもとで弟子となった人々の集まり、それが実際には一人一人ではございませんで、仏陀のお弟子の集まりを僧と言うのです。僧という言葉は、ちょうど兵隊というのと同じなんです。兵隊というのは元来兵士の集団を指しているわけですね。しかし、その集団を指している兵隊という言葉が、のちにはその集団に属している一人一人の兵士を指すようになりまして、兵隊さんと言う。兵士さんとはいわないで兵隊さんとみんな言い慣わしているわけですね。これと同じことでありまして、僧という言葉は、もともとは、仏弟子の集団を指している。集団を指している言葉なんですけれども、その集団に所属している一人一人のお坊さんをも僧と呼ぶように変わってきたんです。ただしこれは中国、日本での話であってインドの話ではありません。

この仏陀と、仏陀の教えと、仏弟子という、この三つのものによって、仏教というものはすべてその中にくくられることになります。このうちのどれかが欠けたのでは仏教としては完全であるとは言えないわけであります。こういうふうにして仏教が成立しました。

覚者

さて、この仏、仏陀という言葉は、以上のように仏教という言葉にも出てまいりますが、もとは、悟ったということを現わしているのであります。

悟った人、漢字でこれを覚者といいます。「覚」という字にはいろいろな読み方がありまます。「覚《おぼ》える」という字にも使いますし、「覚《さ》める」とも読みますし、「覚《さと》る」とも読みます、もちろん、仏教における意味としては「覚《さと》る」であります。仏陀という言葉にも実はそういう「悟る」という意味がございます。

インドの言葉で、動詞として「悟る」という意味を現わす言葉が budh- で、このことばの意味は、たとえばごく一般的な日常生活のことで言いますと、蕾から花が開く、こういう感じなんです。ですから眠っていて目が開くのもbudh-なんです。「目が覚める」なんです。

多分、そっちの方が、日常の言葉として使われていたもともとの意味だろうと思います。目が覚めるとか、花が開くという意味。それが、「自然に自分から開く」という意味と、「開かせる」という意味での開くとの、二つになります。自動詞、他動詞の区別ができるわけです。日本語で「目をあける」という。「あける」というと、こちらの方から開いてやる、ということになります。これに対して目が「あく」といういい方になりますと、自然にあくわけです。その眼をあけるとか眼があくとかいう言葉がまた、日本語でも、頭の中で何らかの理解がいくという時のたとえに使っています。

インドの言葉も同じ事でして、眼が開いたり、花が開いたりすることになぞらえまして、いわば心の目が開ける、あるいは智慧の目が開ける、という意味で、budh-という動詞をつかって、これを悟りというのです。

このbudh-という動詞の過去分詞がブッダbuddhaです。仏陀はそういう真理について目覚めたという意味で、ブッダと呼ばれたわけです。それが仏陀、仏という言葉のもともとの意味なのです。それは大変、わかりいい言葉だと思います。

「仏陀である」というようなことも、多分、仏陀の時代にはたくさんの人が、俺は悟ったというようなことを言っていたと思います。こういうことを悟ったんだと、真理はこうなんだということを、みんなに説いていたのだろうと思います。仏陀も修行者の一人として、いろんなそういう人々の意見を聞いたりしていたに違いないのです。ですから、自分が悟ったんだ、ということを仏陀が言った時も、他の人々は、そうか、というふうに感じたのでしょう。ただ、それが真実であるかどうかを知るには、悟ったことを人の前で話すことによって、それにみんなが納得すれば、これはほんとうの仏陀であるということがわかったのであろうと思います。

とにかく最初は、敵視し、堕落した人間だと蔑視していたその人が仏陀であることを五人の比丘が感得して、おのずからその威厳にうたれて、平伏してその教えを乞うにいたったというところに、仏陀が仏陀であるということが証明されたとも言えるのです。

如来の十号

その仏陀をタターガタ（tathāgata）つまり如来という言葉で呼ぶというのはどういう意味であろうかということを考えてみなければなりません。

仏陀につきましては、仏典の中に他にまだいろいろのよび方があります。仏典を見ますと、仏陀の称号がずらっと並んでいます。それを如来の十号と称しております。

このそれぞれに仏陀の性格がよく現われておりますので、その全体を総合してみると仏陀というのはどういう存在であるかということがわかろうかと思うのであります。
ちょっと並べてみます。
(1)如来《にょらい》、(2)応供《おうぐ》、(3)正等覚者《しょうとうがくしゃ》、(4)明行足《みょうぎょうそく》、(5)善逝《ぜんぜい》、(6)世間解《せけんげ》、(7)無上士《むじょうし》、(8)調《じょう》御丈夫《ごじょうぶ》、(9)天人師《てんにんし》、(10)仏世尊《ぶっせそん》。

最後の仏と世尊を別々にいたしますと十一になります。仏陀とは何であるかということかを考え、仏陀のもつさまざまな特徴をそれぞれ別の名前で呼んだのだと考えて、仏という字を省きますと全部で十になります。

(1) 如　来

その筆頭に、この如来というのがあります。これをどういう意味に考えるかということにつきましては、後で詳しく説明したいと思いますが、さしあたって簡単に説明してみましょう。如来の原語はタターガタでありますが、如より来る、とこれを解釈しております。如より来る、これは中国の仏教での解釈であります。「如より来《きた》る」に対しまして、「如《にょ》去《こ》」という訳語もあります。「如に去る」ですね。この如は大乗仏教で説く、「真如《しんにょ》」のことであります。宇宙的な真理そのもの、その如の字の上に真《まこと》という字をつけまして真如といいます。これはいわば真理の世界と言ったらよろしいのでありますが、その真如、真理の世界から来たので如来と呼ぶのだ、と一般には解釈をしているわけであります。ゴータマよ、と呼びかけられた時に、如来と呼べ、と仏陀自身が自ら言われた、その時にそうい意味であったかどうか、これはわかりません。が、伝統的に如来という字に関しましては、「如より来る」という意味に私どもは解釈しているのであります。

この如より来るというのに対し、反対の方向として、如に去るという言葉がある。行ってしまう。今もうしましたように真如は真理の世界である、と言い直すことができるといたします。その真理の世界というものを、たとえば私どもが住んでいる世界とは別の所、彼岸でも極楽でも浄土でも、どこか別の所に想定いたしますと、そういう「真理の世界から私どもの所にやって来られた方」という意味に如来を解釈するわけであります。真理の世界は悟りの世界ですから、その悟りの世界から「来る」というのは、その前の段階として、その悟りの世界に「行った」という事実があるわけですね。私どもの住んでいる身近な所から遠くに行くことが、漢字の「去」という字の意味であります。向こうへ行ってしまうのですね。ですから、この私どもの住む世界にもともといた方なんだけれども、悟りの世界に入られた。そこで「如去」なのでありますが、その悟りの世界に入られた如来、つまり如去した仏陀、すなわち「如去」が、もし悟ったまま何も法を説かなかったといたしますと、私どもはその仏陀の存在も知らなかったわけでありますし、仏陀の教えも知らなかったし、仏教も存在しなかったことになります。ですから如去した仏陀は、今度は法を説くという行為を通じて私どもに仏教を、仏の教えを残されたわけであります。そのことによって如の世界からまたこちらにやって来られたのだと、こう解釈するのです。それが如来なのです。

ところで、「如来」と訳しましたもとの言葉ですが、インドの言葉でタターガタだと何度も申し上げております。その「タターガタ」という字ですが、インドの言葉の約束で、「タター」という言葉と「ガタ」という字を結びつけて「タターガタ」となりますが、「タター」という言葉に「アーガタ」という言葉をつけましてもやはり「タターガタ」となるのです。「タターアーガタ」と長くはならない、長いのは一回長くすればそのままでありますので、長いアーは何度重ねてもアーで、それ以上長くならない。そこでタターガタという言葉が一つにつながっている時、その「タター」という言葉と「ガタ」という言葉が結びついている場合、「タター」という言葉と「アーガタ」という言葉が結びついている場合、という二つの場合がでてくるんですね。

その「ガタ」という言葉は、どういう意味かというと、梵語に「ガム」という動詞があって、その過去分詞が「ガタ」なのです。ガムは英語のゴーに当たります。行く。その「ガム」という、行くという動詞はある一つの地点、Aという地点からBという地点へ場所を変えることであります。その方向を逆にしたのがアーガタ、アーガムなんです。向こうからこっちに来るのがアーガムです。英語で言えばこの場合カムになりますから、英語ではその場合に別の語根を使っているのですが、インドは同じ言葉の前に前接辞をつけたりはずしたり、他の前接辞に取りかえたりすることによって、いろいろな意味を加えている。そういう性格がありまして、行くという動詞の前にアーという前接辞をつけますとそれは方向が反対になりまして、こっちへ「来る」ということになります。

二つの点の間での移動関係で、ある一つの方向が「ガム」であるとすると、その反対の方向が「アーガム」になる。ですから私どもが自分の所を中心にして考えますと、ガタというのが去ったということになりますから、如去となります。このような如去と如来は、真宗的な言い方をいたしますと往相《おうぞう》、還相《げんそう》ということになります。悟りの世界に行くこと、悟ることが往相でありまして、衆生を利益《りやく》するために、衆生を済度《さいど》するためにこの世にもう一度現われる、戻ってくる、これが還相であります。往相と還相とは不可分に結びついているというのが、真宗のみならず大乗仏教全体の考え方であります。ですから、如去と如来は同じ仏陀でありまして、仏陀が悟ったという面を「如去」と申します。そして仏陀がこの世に姿を現わし、法を説いたという事を「如来」という。そのように私どもは普通に解釈をしているのであります。

(2) 応　供

その次に応供とあります。応供と申しますのは、これは別の言葉で言えば阿羅漢《あらかん》であります。阿羅漢と申しますのも、インドの言葉アルハン（アルハット）の音写です。昔、インドの言葉から中国の言葉に、仏典、つまりお経を訳した時に、たいへん困ったことがありました。風俗、習慣が全然ちがった所で発達したものを写し変えるということは、大変な難事業なんですね。そのために新しい言葉も創らなければならない。「仏」という字は、今は人偏《にんべん》にムと書いてありますけれども、もともとは弗ですね。音を写しただけですね。お湯を沸かして沸騰する時に水がふつふついうからさんずいで「沸」なのです。人間が仏陀で、仏陀というのは悟った人間でありますから人偏をつけて「仏」という字をつくったのでして、そういうふうな苦心をしているのであります。

阿羅漢の場合には、これが一音節でなかったもんですから阿羅漢と三字に写したのです。あんまり音節の長いのは煩わしいものですから、後になってから、だんだん最初の阿の音が弱くなって、羅漢——中国語としては羅漢という言葉になってしまった。羅漢さんが揃ったら廻そじゃないか、という羅漢、十六羅漢とか、五百大羅漢だとかいうその羅漢です。

その羅漢を今度は意味をとって訳しますと、「応供《おうぐ》」と言います。応は応ずるという字、相応《ふさわ》しいという意味、値打があるという意味です。「供」の字を取りましてただ「応」という字だけでこれを訳す場合もあります。応供というのは供養を受けるに相応しい、供養を受ける値打のある人、供養を受ける資格のある人、という意味であります。

このアルハットという言葉もやはり仏陀の当時、みんなが使っていたのだろうと思います。単に「値打がある」というのが阿羅漢という言葉の持っている意味でありますが、何の値打があるかというと、供養を受ける値打があるのだと解釈したんですね。そこで応供と申します。仏陀は尊敬を受けるに値する人であるというので応供と呼ばれたのです。

(3) 正等覚者

その次が正等覚者、これは仏陀というのと同じでありますが、ただ仏陀というだけでは普通名詞にすぎません。先ほど申しましたように、朝、眼が「覚める」という場合にも、ブッダということばは使われるわけです。そこで、本当に完全に悟りを開いたのであるということを強調するために前に前置詞や副詞を、いわば形容句をたくさんつけたのです。それをインドの言葉でサンミャクサンブッダ（三乗三仏陀）と言うのです。

ついでに申しますと、悟った人が「仏陀」でありますけれども、「悟り」と名詞にいたした時に「ボーディ」と言います。これを中国の言葉で漢字にうつしまして菩提《ぼだい》と言うのですね。この菩提にもこの上なく完全な菩提というような言葉が使われまして、この上なく完全な菩提を悟ったのが「正等覚者」なのです。あるいはこれは漢訳によっては「正」と「等」がひっくりかえって「等正覚者」となっている場合もあります。それはインドの「サンミャクサンブッダ（サムヤックサンブッダ）」という言葉の訳ですが、そのサンミャクサンブッダを今度は仏陀でなくて菩提の上につけて、サンミャクサンボーディという言葉を訳す場合に意味を訳さないで漢字で音写したのが（阿耨多羅《あのくたら》）三藐三菩提《さんみゃくさんぼだい》なのです。（アノクタラにあたる言葉は正等覚者の場合にはありません。このアノクタラは梵語アヌッタラの音写で、「無上」と訳します。）ともかく仏陀、悟った人ということを伝えるのが三番目の名前であります。

(4) 明行足

その次の、四番目が「明行足《みょうぎょうそく》」とあります。明行足というのは、明と行が足りているという意味でありまして、これはインドの言葉の翻訳です。「明」という字は学問のことです。多少仏教に親しまれた方、あるいは禅宗の朝のお勤めなどご存じの方ですとおわかりになると思いますが、三明六通というような言葉が羅漢さんの供養の所に出てきますね。あの三明という時の「明」であります。三つの学問、もっとも、学問といっても若干神秘的な超能力的な学問を意味しているんですけども、とにかくこれは学問なのです。知識でありますあるいは仏教の言葉として皆さんよくご存じの言葉で言いますと、その明の反対の無明という言葉がよく使われておりますね。無明というのは、私どもの煩悩の一番根源にある一番悪いものだとされておりますが、その意味は無智です。智慧、智のないこと、知識のないこと、真実を知らないことであります。ですからその知識とか真実に関する知、そういうものを明というのですね。学問とか智慧というふうに考えたらよろしいと思います。

その次の行は、実践であります。行為であります。ですから「明行足」は学問も修行も、あるいは知識も行ないも足りている、というわけですね。足りているというのは満足している、完全であるということです。知識も行ないも完全である方というのでありまして、これを明行足と呼ぶのであります。

(5)　善　逝

その次の善逝《ぜんぜい》というのは、善く逝《ゆ》くと書きます。逝は「ゆく」という字でありまして、これはタターガタの「ガタ」と同じでありまして、行った、よく行ったということ。これは真理の世界に達したという意味であろうと思いますが、よく真理の世界に達した人である――「来る」の方でなくして「去」の方の意味を強く言っているのです。ということで善逝と普通呼びならわしておりますが、行くと同じような意味をさしていると考えていただきます。

(6)　世間解

その次に世間解《せけんげ》と書いてあります。「解」という字は解する、理解するという意味です。世の中のことについて何でもよく知っているという意味です。それが世間解であります。仏陀は法を説くにあたって、それぞれの人の能力に応じ、知識に応じ、そして性格に応じ、それぞれの環境に相応《ふさわ》しく法を説かれたといいます。いわゆる対機説法《たいきせっぽう》です。これは、世の中のことを全部ご存じであるからそれに相応しい法を説かれたのであるということでありまして、仏陀の如来的側面を言っているのであります。

(7)　無上士

その次に無上士とあります。この無上士というのは、先ほどアノクタラサンミャクサンボダイとちょっと申しましたが、そのアノクタラにあたる所を訳しますと無上、上が無い、この上無い最高のという意味であります。最高の先生です。これと正等覚者を一緒にしますとアノクタラサンミャクサンボダイを悟った人ということになるのであります。

(8)　調御丈夫

その次は調御《じょうご》丈夫《じょうぶ》と呼びならわしております。調御《ちょうぎょ》でもよろしいんですが、御という字はいわゆる御者《ぎょしゃ》の御でありまして、馬を御する人、馬を調練する、馬の訓練をする人を調教師と言っていますが、あの「調」という字とおなじであります。「調べる」という字は「調《ととの》える」とも読みます。調教というような所に今でも日本語の中に入って使われている言葉です。訓練して良く飼いならす、これが調御であります。「調御丈夫」とは、その調御することの巧みなる人という意味です。丈夫という字は、ますらおであります。丈《たけ》夫《ひと》でありますが、もとの言葉の意味としては、一般的に言いますと、単に人間という意味です。人間なのですけれども、特に優れた人というのでこれを丈夫と訳したわけです。ですから調教に巧みなる人というのが、調御丈夫の意味であります。これは馬にたとえたのですが、人間を、衆生をよく教え導き、正しい方にいわば飼いならしていくわけでありまして、それがたいへん上手な先生というのですね。馬を調練し、よく御するように、仏陀はこの衆生を非常に巧みに御せられる、こういうわけであります。

(9)　天人師

その次は天人師と言います。これは文字どおり師は師であり、先生でありまして、天人というのは、天の人ではなくて、天と人なのですね。十界説というのがありまして、輪廻の六道と悟りの世界とを合わせまして十界というのですね。これは、天台宗でよく用いる十界互具の十界ですが、この十種の世界、十種の領域ですね。そのうちで悟りと関係ない迷っている方の世界を六道、六趣と申します。その六趣のうち一番最高の所が天界です。天の世界は神々の世界ということでありますが、その神々の世界の次に人間の世界があります。人間の世界の下に更に悪い世界がたくさんあって一番下が地獄という事になります。合わせて六道なんですが、そのうち畜生、餓鬼、地獄の三悪道では仏陀の教えは聞かれない。他の三つの世界だけが仏の教えを聞くことが出来ます。とくに天上界の神々とわれわれ人間界のものにとっては、仏陀が師であり、帰依処であります。その天、つまり神々と人間の先生というのが天人師という言葉の意味です。梵天がまず自分たちの先生になってくれ、と頼んだわけですから仏陀は神々の先生であるわけですね。で人間を教えるのも当然ですから、神々と人間の師であると言うので、それを天人師と申し上げるわけであります。

⑽　仏世尊

そして最後に仏世尊。世尊という言葉は、これは普段、非常によく使われる言葉です。如来という言葉は、先ほど、自分のことを如来と呼べ、と言ったという所に出てきますけれども、その後の仏典を見ますと、お弟子さんは仏陀に対して「世尊」と呼びかけているのであります。ですからこれが一般的な敬称であったと考えられます。

世尊というのは、これは漢訳でありまして、文字どおり写しますと婆伽梵《ばぎゃぼん》と言う。神様のことであります。

その意味は、幸《さち》ある人、とまあ現代語的に言えます。幸いを持っている人、至福者、こういうふうな訳を与えております。漢訳仏典中では、これに六つのいろいろな意味をつけて解釈しておりますが、とにかく世の中に幸を与える人、恵みを与える人というので慈悲深い神様に対する呼び名なんです。それが仏陀が神にも等しい情深い、慈悲深いお方であるというところからみんなに慕われた。そこで生じた呼び名であろうと思います。これが世尊なんです。

これだけ十種の名前が、いわば仏陀に対する公認された呼び名として仏典の中で次第に固められてきたのです。この全体を総合しますと、仏陀というのはどういう方であるか、どういうふうに世の中の人から見られていたのか、ということがわかろうかと思います。

そういう中で、特に教理的に大事な言葉は、まず仏教の立場から言いますと仏陀であり、それを詳しく言いますと正等覚者というような言葉であるわけです。が、それと並びまして日常生活において一番よく使われた言葉として大事なのは世尊であります。もう一つ教理の上から言って次第に大事にされ、ことに大乗仏教になって大事に意味を考えられるようになったのが如来なのであります。

阿含経では、仏陀を呼ぶのに如来と呼んでいる所は、実際にはあまりないのです。お経は、仏陀の言行の記録みたいなものでありますが、いつ世尊はどこそこにおられて、こういう法をお説きになったという形で、世尊という言葉が一般には使われている。漢訳は、そこを仏と訳してしまうこともあります。「一時仏在舎衛国」というふうに仏と訳しますけれども、梵語の原文では世尊に相当することばが使われております。如来という言葉は使われていないのですね。ですから釈尊を指して呼んでいる場合には世尊という言葉が圧倒的に多いのであります。それが、教理的な意味を考えるようになってまいりますと、如来という言葉がことに重要視されるようになってきたわけであります。

「如来」の意味

元に戻りまして、「タターガタ」という言葉から始めたいと思います。先に申しましたように、この言葉は「タターとガタ」、あるいは「タターとアーガタ」と解釈される。もとの意味がわからないと申しましたが、こういう言い方が仏典の中には出てくるのであります。

仏陀はいろいろな哲学的問題、そういうものに対しては解答を与えなかったと言われております。人生にとって大切な事は、現在のこの心の苦しみ、この心の悩みを解決することであって、世界がどうしてできたかとか、そういった種類の問題に対しては解答することは必要でないし、また解答できるものではないということで、解答を拒否したというのであります。このことを捨置《しゃち》、あるいは無記《むき》といいます。捨て置くのですね。解答を拒絶して放ったらかしておくのです。当時はいろいろな人生観・世界観が乱れ飛んでいた百家争鳴の時代でしたが、「如来が死後、存在するか」という問題についてもお釈迦さまは解答しなかったと言うのです。

仏教は無我説であると言いますが、我があるかないかについても古いかたちで言いますと解答を与えなかったということになっております。ともかくも、そういう哲学的な問題に解答を与えなかった、その種の問題の一つに「如来が死後、生存するかどうか」という問題があったというのであります。そこに如来という言葉、タターガタという言葉が使われておるのでありますが、一体これが何を意味したのか。多分、悟りを開いた人、真理に到達した人というような意味で、その人というふうなかたちで、その当時なんとなく使われていた、わかっていた用法としての如来であろうと思うのです。

法を如実に悟る

この「如来」という言葉につきまして、古代の仏教学者がいろいろと解釈を与えています。お経の中に説明がありませんから、これを解釈する必要があるわけです。そういう、仏さまの教えに対する解釈というのが、仏教の学問のおもとでありまして、これを阿毘《あび》達磨《だつま》と呼んでおります。その中で「如来」という言葉をさまざまに解釈しておりますので、それをいくつか拾っていきますと、仏教において如来がどう考えられていたか、ということがわかるのです。

この古い解釈を見ますと、「タターガタ」の解釈として「タター・ガタ」も「タター・アーガタ」もあるのですが、ここでは「アーガタ」という言葉が、漢訳の「如来」の「来」という意味、つまり、此の世に帰ってくるという意味には解釈されていません。それはどうしてかといいますと、「行く」とか「来る」とかという日本語は、何も説明なしに使うときには、常に視点が自分の方にあるのです。自分、つまり話し手の方に近づいてくるのが「来る」であります。話し手の所から遠ざかってゆくのが「去る」であり、「行く」であるはずですね。中国語が本来どうなのか、よく存じませんが、インドの言葉でいいますと、「行く」とか「来る」とかいうのは、視点をどちらにも持ってこられるのです。

如来は真理の世界に行くのだと申しましたが、その真理の世界の方に視点を、立場を置いて考えますと、仏陀はその真理の世界に到達したという意味で「如来」なのです。「如より来たる」ではなく、「如に来たる」です。至るという字をつけて、「如に来至する」というような説明をする場合もあります。そうしますと如来も如去も同じであります。こちらの方から考えますと「如去」ですが、視点を向こう側に持っていくと、同じことが「如来」である。AからBへという行動に対して、Aの方で見ていると「如去」であるものが、

Bの方から見ると「如来」である。古い注釈を見ますと、どうもそういう説明の方が多いのです。

さて、「如」という言葉を教理的に解釈するとどうなるかについては、先ほども少し触れましたが、サンスクリットの原語にさかのぼって考えますと、「タターガタ」の「タター」というのは、実は副詞なのです。「あのように」「このように」「そのように」という意味です。「かくの如く」とも言いかえられます。では、何をさして「そのように」と言ったのか。

「タターガタ」という言葉の意味をいくつか拾っていきますと、「そのように至った」「そのように到達した」「そのように去った」、これは文字どおりの意味で如来、如去でありますが、その他に「真実の相を体得した、身につけた」と、そういう意味に解釈している場合もあります。そうすると、「タター」という言葉を「そのように」というのは、「そのようにあること」という意味で真実を指すのだと、こういう解釈が出てきます。ありのままであるということが、ただちに真実であること、あるいは事実、真実、真理、というようになるのです。その真実の相を、ありのまま姿を体得したというのは、どういう意味かというと、真実の法をありのままに悟ったということです。真実の法――この場合の「法」は「真理」といってもいいのですが――をありのままに、「如実に悟った」。「ありのままに」とは「如実に」という意味です。

次に、如来というのは「真実を見るもの」であるとあります。これは、真理を悟ったという意味で如来だというのと同じ意味で、それを「見る」という言葉で表わしています。「見る」「知る」「悟る」は、みんな似たような意味の言葉として使われています。この「真実を見る」という言葉も、仏典あるいは後世の解釈でよく使われる言葉であります。その次にあるのが大事だと思うのですが、こんどは「真実を語るもの」である。悟った仏がベナレスではじめて法を説いたという。真理の法を悟ったことと同時に、真実の法を説いた人である、という説明が入ってきます。これは「タター」の解釈は同じですが、「ガタ」とか「アーガタ」をどう解釈するかという問題なのですね。如来は真実の法を語る人である。この解釈と並びまして、如来とは真実のことを言ったとおりに、語ったとおりに、「そのように行なうものである」ともあります。真実を悟り、真実を見て、真実を語り、そして語ったとおりに行なう人である——そういう解釈をしているわけです。

如に来たるがゆえに如来

次に、漢訳の方ではどういう言い方をしているか、少し検討してみたいと思います。龍樹がつくりまして、羅什が訳しました『十住毘婆沙論《じゅうじゅうびばしゃろん》』という論書があります。これは『十地経』というお経の注釈書です。この中で「如来」の意味についてどういう解釈をしているのかといいますと、まず第一に「如とは真実である、その真実に至るがゆえに如来と名づける」と言っております。「真実に至った」というわけですから、「タターガタ」を「タター・アーガタ」の意味に解釈していることになります。「如に来たる」という意味で如来である――「如来」をここではもともとの意味に解釈しているのです。

では、その真実とは何であるか、何を指すのかというと、それは「涅槃《ねはん》」だといっております。あるいは「諸法実相《しょほうじっそう》」であると説明しています。諸法の実相を体得した、あるいは諸法の実相を身につけた人――身につけたというのは、智慧によってこれを得たということです。智慧によって諸法の実相というものに至った人、これが如来であるというのです。

このように、真実に至った、真実の中に生活したから如来である、という解釈がまず最初に出てまいります。この場合には、「タターガタ」を、「タター・ガタ」ではなく「タター・アーガタ」と解釈しているわけで、しかも、先ほど申しましたが、「アーガタ」をこっち、つまり私どもの方に来るのではなくて、向こうに、悟りの世界に入ったという意味で使っているのです。

それと並びまして、『十住毘婆沙論』にはもう一つ、如来を「タター・ガタ」の意味に解釈した説明があります。如去、不還《ふげん》のゆえに如来と名づけた、と言っております。不還、去ってしまって帰ってこない――二度とこの世に、人間の世界に帰ってこないということです。もう二度と輪廻《りんね》しない、という意味で如来である、こういう解釈です。

まとめてみますと、『十住毘婆沙論』の説明では、「アーガタ」と解釈する場合には、真実に到達したという意味で「如来」であり、「ガタ」と解釈する場合は、この世から去ってしまったという意味で、人間の世界、輪廻しているわれわれの迷いの世界にもう二度と帰ってこないという意味で、「如去」であると、こう解釈をしているのです。

この『十住毘婆沙論』における解釈には、「如より来たる」という意味が全然出てきておりません。これに限らず、初期の解釈ではすべて、如来をわれわれの方から向こうに行った姿だけで解説しております。向こうからこちらに「来た」ということは言っておりません。ただ、真実を語る、真実を行なう、というような所をさらに解釈すれば、それが私どもの世界にあって真実を語るのだ、ということになるはずですが、そういう解釈はまだ、あまり出てこない。大乗のものと考えられる『十住毘婆沙論』もやはり、「ガタ」と考えても「アーガタ」と考えても、つまり「如来」と考えても「如去」と考えても、どちらにしても「行った」ものと解釈しているのです。

如より来たるがゆえに如来

そこでもう一つ、やはり龍樹の作といわれる『大智度論』という論典――これも羅什の訳です――を見てみましょう。これは『般若経』の註釈書です。この中では、如来をすべて「アーガタ」の意味にとっているようです。法の姿のとおり、法相《ほっそう》のとおりに、すなわち真理、真実の姿ありのままに理解する、それが如来であると言っております。
ここでの「如」は法のあるがまま――「法」はこの場合、仏の教えというよりもむしろ真理でしょう――、その真理のあるがままにそれを理解する――如来の「来」、すなわち「来たる」「到達する」を、理解するという意味にここでは解釈しています。法の相のありのままの姿において、そのあるがままに悟って、それを理解して、さらに、それをあるがままに語る。それが如来であります。ブッダガヤーの悟りとベナレスの説法、その両方が込められているのです。この「語る」ということばが、漢訳仏教における如来、つまり、私どもが理解している如来という言葉の意味につながってくる、つなぎの役目をしているのです。

『大智度論』におけるもう一つの説明に、「諸仏は諸仏の安穏《あんのん》の道より来たるが如く、仏もまた――すなわち釈尊もまた――、他の諸仏が来たと同じようにその道に至って、さらに輪廻の世界に戻らない」という趣旨のことが書かれています。この場合にも、輪廻の世界に戻らないというのですから「不還《ふげん》」と同じことです。ただ、「去」と考えないで、過去の諸仏と同じように仏陀がこの道をやって「来た」と考えている。

釈尊は前生において、燃燈仏《ねんとうぶつ》のもとではじめて出家したということです。その燃燈仏は、智慧によって諸法の真実、すなわち諸法の「如」を知った。その「如」の中より来たりたまうがゆえに「如来」と名づく、とあります。ここではじめて、「如より来たる」というのが出てくるのです。智慧の力で如に至って、つまり、諸法の真実を知って、こんどはその真実の世界から来至する、来たりたまう。そこで燃燈仏のことを「如来」と名づけているのです。

この燃燈仏――定光仏《じょうこうぶつ》ともいいます――のように、釈迦牟尼仏《しゃかむにぶつ》もまた、かくの如く来たりたまうゆえに、如来と名づく。智によって如に帰って、そして如の中から来たる。「来る」というのは、具体的には、法を説くことを言っているのです。悟りっぱなしではなく、法を説いたということ、それを重視しているわけです。

このように、燃燈仏を例としたところではじめて、漢文として「如より来たる」という言葉が出てくるのであります。『大智度論』は、インドの龍樹の著作を訳したことになっていますから、もとの本のとおり翻訳したと考えれば、そのインドの著作にはじめて「如より来たる」という解釈が出てきたことになります。

この「如より来たる」という解釈が出てくる根拠になったのは、『大智度論』では「法を説く」ということをいっておりませんので断定はできませんが、前に申しました、如来が真実のとおりに語る、法を語るということではないかと思います。ブッダガヤーの成《じょう》道《どう》とベナレスの説法、この二つの側面を合わせて「如来」であるという解釈ですね。真実を知り、そして真実を語るということです。

そういう意味でしたら、セイロンの古い僧団の註釈にも、『十住毘婆沙論』にも、『大智度論』にも、すべてに共通してきます。ですから、「如来」という言葉に対する、仏教での変わらない解釈というのは、「真理を悟り、真理を語る」ということである、といえましょう。

自覚覚他——智慧と慈悲

「真理を語る」ということを、さらにすすんで、如来が智慧によって悟ったということとの対比で説明いたしますと、慈悲によって法を説くのだ、ということになるかと存じます。慈悲によって法を説いたということが、真理の世界から私どもの所へやって来たという意味に解釈されるのです。ただ、こういう解釈は仏教の註釈書にはあまり例がないのですが、大乗仏教の教理からいえばこれは非常に大事な点で、大乗仏教はその重点を、仏が悟ったということから、悟った仏が私どものために法を説くという、こちらの方にだんだんと移していったのだろうと考えられます。

仏陀、覚者というのは何であるかを説明いたしますときに、「自覚覚他覚行円満」とよくいいます。自ら覚り、他をして悟らしめ、悟りの働きが円満である。

「自ら悟る」というのは、仏陀になったということです。真実の相に到達した、真実の世界に入った、真実の世界に行った、真実の世界を見た、といろいろな言い方で表現されます。

その「悟る」ということだけに終わらないで、如来はベナレスで法を説いた。仏教の立て前として、自分が悟ったのと同じ道を弟子たちに歩ませて、そして自分と同じ悟りの世界に導こうとする。他をして悟らしめたるために如来は法を説くわけで、これは利他の働きです。

「自覚」、つまり自ら悟るのは「自利」、つまり自分の利益ということになります。これに対して「覚他」は「利他」、他を利することです。「利」というのは、現代的な意味では「利益」ですが、役に立つこと、目的であり、目標であります。「自ら利する」というのは、自分の目的を達成すること、「他を利する」というのは、他人にその目的を達成させてやることになります。その目的というのは何かといいますと、仏教の場合でいえば「悟る」ということになりますから、他の人をすべて悟らせる、というのが仏陀の利他の働きであります。

自ら悟るためには、智慧が働かねばなりません。つまり、自利は智慧によってはたらくわけですが、これに対して、利他のはたらきは何に由来するのか、という問題については、『大智度論』には説かれていないようですが、自利・利他を対照的に並べるならば、自利の智慧に対しては、利他においては仏陀の慈悲というものを考えるわけです。如来の慈悲心が、他をして自分と同じ悟りの世界まできわめさせようという、利他のはたらきとなって現われる。智慧と慈悲、自利と利他、自覚と覚他、これらの両方をおさえて、両方がそなわっているから如来である、ということになります。

この如来の慈悲のはたらき、これが具体的にはどういう形で現われたかといいますと、まずベナレスでの初転法輪《しょてんぽうりん》です。そして、その初転法輪から涅槃《ねはん》にいたるまでの、四十五年間の如来の説法。それは、すべての者を如来と同じ悟りの世界に導くための説法であります。そういう点をふまえますと、仏教とは何であるかと申しましたときに、「仏の教え」というのが仏教の本来の意味ですが、仏の教えであると同時に、仏になる教えである、そういうふうにも言えると思います。仏になる教えであるとは、どの註釈書にも書いておりませんが、明らかにそういう意味が含まれている。仏陀が慈悲によって、私ども衆生に悟りを開かせるべく、教えを垂れるということです。

慈悲の強調——大乗経典の成立

それでは、如来がとくに「如より来たる」といわれていることの意義、つまり如来の慈悲のはたらき——これが大乗仏教ではしだいに強調されてまいります——について、お話ししてみたいと思います。

仏教には、およそ二千五百年前に仏陀がお亡くなりになったあとに、永い歴史がありま す。その永い歴史の間に、いくつかの段階をおって展開しております。もちろん、仏教は仏の教えですから、その本質は変わらないと私どもは信じているわけで、大乗仏教といえども仏説である、というところから出発するのであります。しかし、仏説といわれているものの中に、実は時代により、場所によってさまざまの展開があるのです。たいへん失礼な言い方ですが、仏さまでもご存じないような事柄すら、後世には「経」という名前で大乗仏典の中に存在するようになりました。

しかし、大乗の経典にしても、その言葉どおりには仏は説かれなかったけれども、仏・如来が説こうとなさった真意、その本当の意味はこれである、というのが大乗経典をつくった人たちの気持ちであったわけです。それだけの信念がなければ、大乗の経典である、というような形で、他の人々に説くなどということはできなかったはずです。だから、大乗の経典は、歴史的事実としてはともかく、宗教という観点、つまり信仰の立場から言うならば、あくまでも仏説である、ということになるのです。別の言い方をすれば、仏説は無限の可能性をもっておりまして、こういう説き方でなければならないという限定はない、ということであります。大乗の経典の中には、極端な言い方をしまして、真理というものは、もう言葉では言い表わせない、とはっきり強調するものさえ出てくるわけです。たとえば、大乗の経典で『楞伽《りょうが》経《きょう》』というのがありますが、これを見ますと、仏陀は成道した夜から涅槃に入る夜まで、一言も説かず、答えなかった、ということになっております。これはたいへん逆説的な言い方でありまして、八万四千の門はすべて、仮の言葉にすぎないといっているのです。こういう考え方も、仏教の中にはございます。

この『楞伽経』をはじめ、大乗の仏典というものが続々と現われてまいります。年代的にいいますと、紀元前一世紀頃から紀元後一世紀の頃にかけて興った仏教内の新運動、それが大乗仏教の発端です。では、どういうふうにして大乗仏教なるものが説かれるようになったのでしょうか。

仏教は、釈尊の時代からずっと、弟子たちの間で口承、つまり口づたえによって伝わってきました。そして、仏陀の教えは「阿含《あごん》」として、忠実に守られてきたわけです。その根本は、仏陀の悟りにもとづいた仏陀の教え、如来の智慧による悟りと、慈悲による説法にあります。そして、すべての衆生が、その教えを聞いて如来と同じ悟りに至る、仏陀になるということを目標にする宗教が、仏教なのであります。

ところが、仏陀が生きておられた間と亡くなってからとでは、様相が変わってまいります。仏陀が生きておられた頃も、仏陀がいかにすぐれた、超人的な方であるかという印象を、仏弟子たちは持っていたに違いありません。しかし、そこには同時に人間があった。心やさしい方で、いろいろなことを教えてくださる、お互いの心の通い合いがあると感じていた。それが、仏陀が亡くなったのちに、仏陀を目のあたりにした人が少なくなってゆくにつれて、仏陀がしだいに神さまに近い存在として受けとられるようになってくるのです。いわゆる仏陀の神格化です。仏陀が神格化されてまいりますと、悟りをひらくということもたいへんな事になってきます。到底われわれ人間にできることではない、少なくとも釈迦牟尼《しゃかむに》仏、釈尊と同じような悟りには、われわれはとうてい到達できない、そういう考え方が主流になってきたのです。仏弟子たちも、自分たちの悟りの目標は阿羅漢《あらかん》であると考えるようになり、阿羅漢の境地に満足してしまって、もはや「仏陀になる」とは言わなくなってしまった。

仏陀は自覚覚他覚行円満でありまして、他をして悟らしめる働きがあるわけですが、こうなってしまうと、他の衆生が仏陀になることを説かないで、阿羅漢になることを説くようになります。それも、他に説くよりも、自分が修行することに力点がおかれてきます。いわばお坊さんたちだけの専門課程ですね。信者の人たちとのコミュニケーションがだんだんなくなっていって、自分たちだけでお寺に籠《こも》って修行し、仏の教えをただただ忠実に継承していく、どうもそういう傾向があったように見受けられるのです。

そういう傾向に対して、はたしてそれが仏教のあるべき行き方なのか、という疑問から新しい仏教の運動が興ってくるのです。運動を起こした人たちは、あらゆるものが如来の慈悲であると考えました。如来の慈悲を強調いたしますと、単に自分だけが修行して悟ればいいのではなくて、世の中のものすべてが救われるのでなければならない――このように、如来の慈悲を表面に出してこれを強調しようとしたのです。如来の慈悲はたいへん広大で、窮まりのないもの、あらゆる衆生のために悟りを開いてくださるものである。そういう観点から、新しい仏教運動の方では、自分たちが実践しようとしているのは、万民のための救いの道であって、仏道の世界へ行く大きな乗物である、というので「大乗」と主張するようになったわけです。大きな乗り物というのは、たとえて言いますと乗合自動車、バスですね。大衆を運んでゆくバスに、自分たちの行き方をたとえたと、こう考えていただければよろしいかと存じます。

ともかく、このようにして大乗仏教が興ってまいりますが、その大乗にとっては、大乗の教えこそが仏説である、真の仏の教えであるということを、どうしても強調しなければならない。仏説でなくては、仏教ではなくなってしまいます。そこで、自分たちの主張を新しく経典の形で発表しはじめたわけです。これは、何もむりやりこじつけて創作したということではなく、その新しい仏教運動、大乗の運動をはじめた人々の中に閃《ひらめ》いた思想を、経典の形にまとめたということなのです。そういう閃きは、おそらく禅定の修行で生み出された力によって感得されたのであろうと考えられます。

とにかく、仏陀の真意であるとして、大乗経典がつぎつぎと生み出されてまいります。これは、たいへんなエネルギーであったと思います。と申しますのは、たとえば原始仏教の『阿含経《あごんきょう》』は八万四千の法門と申しまして、大変たくさんの言葉が含まれているといいますが、その『阿含経』も大乗の経典に較べますと、ほんの僅かなお経にすぎない。『阿含経』全体の分量をはるかに越えるような『大般若経《はんにゃきょう》』六百巻というようなお経もありますし、『華厳経《けごんきょう》』六十巻とか八十巻とかいうようなものもあります。その他に大事なお経としては、私どもがよくとなえます『法華経《ほけきょう》』八巻とか、あるいは『阿弥陀経《あみだきょう》』とか、さまざまのお経があります。そういうさまざまのお経が、究極のところ何を強調していたかと申しますと、それは、如来の慈悲を強調していたのだと、そうお考えになってよろしいかと存じます。

真如と一体となる（般若経）

『般若経』の「般若」と申しますのは、悟りの智慧のことであります。悟りの智慧の働きが、いかに広大なものであるかということを説くのがこの『般若経』です。従ってこのお経は、どちらかと言いますと、如来の慈悲というよりは、悟りの方に重点がおかれていると言ってよろしいかと存じます。

『般若経』が説いております内容は、仏陀が悟りにおいて、この世をどのようにご覧になっているか、ということに力点が置かれています。その結果出てまいりました基本的な教えと申しますのが、すべての存在は「空《くう》」であるということであります。空というのは、何もないとか、からっぽとかいう意味ですから、たいへんショッキングな言い方でありまして、それを聞かされた人たちはびっくりしてしまいます。仏陀はそんなことは言っていない、という非難もあったのです。しかし、よくよく考えますと、別に新しいことを言っているわけではなく、たとえば仏陀の教えで言うならば、あらゆるものが相い助けあっていたしまして「空」と述べたのであります。

縁起しているというのは、すべてのものが、特にそれ自身の存在というものをもたず、他のものの力で存在している。それ自身の存在がないのだという、その「ない」ということころを「空」という言葉で表わしているのです。それ自身の存在がないというのは、別の言い方をすれば、われわれは相い助け合って存在するということでありまして、決してからっぽで何もないということではありません。しかし、それを大乗仏教では「空」という言葉で表現する。こういった所に、新しい宗教運動としての大乗仏教が、ある意味では世の中の人々を驚かすような新しい言い方、新しい表現に、自分たちの存在、主張を込めて言ったのだと考えることもできるわけです。

『般若経』では、如来についての議論はあまり出てまいりませんが、『般若経』で如来という言葉をどのように説明しているかということは、知っておく必要があると思います。そこでは、すべて「如」という言葉を「そのように」という副詞としてのもともとの意味から発展した「そのようにあること」、「あるがままにあること」という意味で、「真如《しんにょ》」という言葉で表わすようになってきます。それでは如来の「如」というのはどういう意味であるか、具体的にその内容を列挙してまいりますと、まず第一に如とは「法界《ほっかい》」であるとあります。法の根源、法のおおもとということですね。あるいはまた、如とは「実際《じっさい》」

であると申します。如来は真実の極限、果て、極みであります。真実の究極のところ、真実なるものの更に究極のところという意味です。法も真理である、真実であるといたしますと、それは仏の教えの根源、法界であります。それと同じような意味で「実際」という言葉も使われております。真如と実際とが同じ意味を持つのであります。すべてはありのままである、というのがこのお経の特色です。

あらゆるものの根源がありのままの姿であるというのは、どういうことかというと、すべてのものが空であることだと言っております。「色即是空、空即是色」という、あの空ですが、すべての存在が空であるということ、それを「空性《くうしょう》」といいます。さらに、すべての存在が空であるというのは、何であるかというと、如来が悟られた縁起ということに他ならない。縁起とは、あるものが「もの自体」として存在しているのではない、ものがそれ自体もっている固有の性質はない、という意味で、これを空と呼んでいるのです。空というのは「…がない」という事実を指していっているだけでありまして、「…がない」とは言っても、ものが存在しないと言っているのではありません。ものの本来の性質というものがない、つまり、そこにそれがあると私どもが思っているような姿でそれが存在しているのではない、ということです。

真如、法界、実際、空性、その他たくさんの言葉がありますが、このような形で如来、悟りの世界、悟られた内容が示されているのです。如来とは如に至った、如を理解する、如を見る、ということですから、真如を見るということと、如に至るということは同じことであると、前に申しました。したがいまして、真如とはその如来が悟った内容のことなのです。具体的に言いますと縁起の法則、縁起の教えとなります。この縁起が教えの根源でありますから、いわゆる「八万四千の法門」というのは、縁起の教えをいろいろな角度から説いたものである、というように理解することができるのです。

『般若経』ではこういう形で、縁起の教えに空性を見る、あるいは真如を見る、というように、真如を見るということが仏であると強調いたします。『阿含経』の中にも「縁起を見るものは法を見る、法を見るものは如来を見る」という言葉があります。

如来に関して「真如を見た」という場合、これは悟りを開いたという意味になります。われわれもまた、如来の教えに従って真如を見ることができるとすれば、仏を見たのと同じである——仏に成るとはここでは言っておりませんが。真如を見るものは仏を見るものである、法を見るものは仏を見るものであるということになりますと、法と仏とは一つのものであるということになります。そういう見方をいたしますと、真如を見たというのは真如と一つになったということ、如に至るというのは如と一体になるということ、そう解釈することができます。仏陀とは法と一つになったものであるというこの見方、これが仏に対する『般若経』の見方です。『般若経』によりますと、如来、あるいは仏に成るのは、真如、真理と一体になった時であると解釈されております。悟るというのは、真実と一つになることである。こういう考え方が、大乗仏教において、だんだん波のように広まってくるのです。

如来の法身

このように真理と一体になった仏、これが絶対的な存在として、仏の本質をあらわすことになります。仏の本質は、真理と一つになったということにあるのです。こういう仏を如来の法身《ほっしん》といいます。

真如というのは、いわば真理、理であります。それに対して如来は、生きた人格です。その生きた人格である如来、仏陀が、真理と一つになっている点で法身と言われる。ですから法身というのは、人格であって同時に理、人格と真理とが一体となったものに対する名前です。そういう意味で申しますと、真如と法身とは同じものを指すことになります。真如、あるいは法界というものを、人格的に表明したものが法身である。そういう理論が『涅槃経《ねはんぎょう》』などを通じて次第に確立してまいります。この考え方は、大乗仏教のいわば基本の一つで、たとえば『阿含経』の教えなどでは、こういうことは、まだあまりはっきりとは述べられておりません。

以上が「法身」という場合の「法」の意味です。ところで、法とよばれるものには有為《うい》法と無為法とがあります。有為《うい》というのは何かといいますと、「有為の奥山今日越えて」

というあの有為でありますが、「ゆうい」と読みますと「人生有為」などといって、何かを為《な》すことが出来る、という意味になりますけれど、仏典で有為《うい》という言葉が出てまいりますと、つくられたもの、縁によってつくられたものという意味です。この、縁によってつくられたものは、「行《ぎょう》」ともいいますが、これは「諸行無常」というように無常なのです。また、それは無我でもある。空性という言葉の中には、無我という意味も入ってきています。

そういう有為の世界、縁によってつくられた世界は無常であり、無我でありますが、その有為の世界を越えたところに涅槃寂静《ねはんじゃくじょう》の世界がある。「有為の奥山今日越えて、浅き夢見し酔もせず」という、酔わない世界、悟りの世界、それが、諸行の世界を越えた涅槃寂静の世界です。それは無常ではなく、常住の世界なのです。

有為の世界を越えた、そういう常住なる世界を無為の世界といいますが、このような世界に入ったことをさして、如来は真如と一体になったと申します。その時点において、仏陀は永遠に死なない存在になるのです。如来の法身というものは不滅である。こういう見方がここでもう一つ出てくるのです。

法身が如来であり、仏である。仏は不滅である。この、仏が不滅であるということは、『般若経』から理論的に推してそういうことになったわけです。仏が何ゆえ不滅であるか、これを理論的に説明しておきたい、こういう気持ちが、大乗の経典をつくった人たちの中にあったのだということになります。

それはどういうことかと言いますと、さかのぼりますと、涅槃《ねはん》ということ、如来の般涅《はつね》槃《はん》ということと関係があるのです。八十歳になられた釈尊、つまり如来、仏陀は、クシナガラの地で入滅なさいますが、その時に弟子たち、信者たちはたいへん嘆き悲しみました。そこで如来、仏陀はその弟子や信者たちを前にして「自分が入滅するからといって悲しむことはない、これからはわたくしの説いた教えがわたくしの代りと思いなさい。」と仰せになり、そして「その教えをたよりとし、教えを燈《ともしび》としてそれぞれが自ら実践するならば、如来の教えというものは、決してなくなることはない。仏教は不滅である」と諭されました。いわゆる「法燈明、自燈明」です。

そこで「如来は亡くなっても法は残る」という考え方がまず最初に出てきたわけですが、如来と法とが一つであるという考え方が発展してまいりますと、法と一体になった如来は永遠に残ることになります。そういう永遠に残る如来、変わらない如来を、如来の「法《ほっ》身《しん》」と言うようになったわけです。法身という言葉は、はじめは如来の教えを指しておりましたが、大乗の仏教になりますと、先ほど申しました人格的な仏のことを法身というようになります。永遠に変わることのない不滅の存在としての仏を指すようになったのです。仏さまに亡くなられては、信者としてはたいへん困るのです。信者たちや弟子たちのそういう気持ちの中に生きておられる仏さまが、実際には永遠の仏ということになるのですが、その、心の中にずっと生き続けている仏というものを理論的にあらわすと、真如と一体となった如来ということになります。

法身の仮の姿

いつまでも仏さまにいていただきたいという信者たちの気持ちが、いわば仏陀を神格化して、永遠の仏という思想を生み出したわけです。それを理論化したときに、法と一体となった法身《ほっしん》となるのです。ところで、永遠の仏陀というものを想定いたしますと、必要に応じてあらゆる世界で法を説くことができる、このように期待されることになります。ところが、法身は無為の存在でありますから、私ども人間の言葉ではとうてい表現しえない事柄に属します。

そこで、永遠の存在である仏、つまり法身が、ある具体的な仏の姿、私どもの眼に見えるような仏さまの姿になってこの世にあらわれ、そして法を説く――このような解釈が次に出てまいります。こう解釈いたしますと、釈尊自身も、永遠の如来、つまり法身の、仮《かり》の姿であると考えられます。肉体をそなえた姿で眼前に現われた仏、八十歳でクシナガラにおいて入滅された仏は、実は永遠の法身の仮の姿である――こういう解釈が成り立ちます。この、仮の姿としての仏を応身《おうじん》とか化身《けしん》、あるいは応化身《おうげしん》と申します。

法身は、悟りと一体となった、真理そのものとなった仏ですから、肉体はありません。

これに対して応化身は、私どもと同じように肉体を持っている。肉体があれば有為《うい》の世界に属しますから、諸行無常の法則を免れることはできません。だからこそ、偉大な釈尊といえども八十歳をもって入滅されたのであります。しかし、この釈尊が、永遠常住なる如来の法身が仮にとった姿であるといたしますと、そういう仮の姿は、釈尊としてあらわれるだけでなく、他にもいろいろな形で現われることができる道理となります。悟りをひらくこと、法を悟ることが、すべての人に開かれているとしますと、修行した結果仏となったというのも、実はこの法身が或る一つの姿で現われたということになります。このようにして十方の世界に仏の存在が考えられるようになります。

たとえば西方十万億土の極楽という世界には阿弥陀如来が存在する。この阿弥陀如来も法身の一つのあらわれにすぎない。法身の一つのあらわれが、ある特定の目的をもってその世界におられるのです。その目的とは何かというと、阿弥陀如来は、如来になられる前に立てた誓願のなかで、すべての衆生が救われないうちは自分は仏にならないと誓われた。それ以外にも多くの利他の誓願を立てて修行した結果として、現在、極楽世界にあって法を説いておられるといいます。しかし、仏さまは阿弥陀さまに限りません。東方には阿《あ》閦《しゅく》如来がおられ、あるいは瑠璃光《るりこう》如来——薬師如来とも言います——がおられるといいます。大乗の仏典をみますと、三世十方の諸仏といいまして、あらゆる所に仏さまが姿を現わして、それぞれの目的をもって法を説いておられる。仏さまの本質を法身という形で考えますと、このように、その法身が姿をとって現われるものとしては実にさまざまなものが考えられるのです。色身《しきしん》、つまり肉体をもってあらわれる仏には、いろいろな条件があって、釈尊のように八十歳で入滅される方もあれば、成仏してから自分の仏国土で永遠に存在しつづけている阿弥陀如来のような方もいるわけです。とにかくものの考え方がたいへん広くなって、仏さまが釈尊ひとりに限定されなくなったのです。

久遠実成の仏（法華経）

こういうさまざまな仏たちが実際に信仰の対象となりますと、仏が仏となった目的はすべて、衆生を救うことにあり、その誓願によって仏になられたというのですから、その誓願のおかげでわれわれもまた救われるのだという考えが、非常に強くなります。

また、大乗経典の中には、これとは別の説き方をするお経もあります。私どもの住んでいる世界を、仏典では娑婆《しゃば》世界と申しますが、この娑婆世界は穢土《えど》、つまりけがれた世界です。これに対してたとえば阿弥陀仏の世界は浄土といいます。仏国土というのは如来の誓願によってできた所ですから、悪というものが存在しない、浄土なのです。ところがこの娑婆世界は、別に如来の誓願によってできあがったものではない。昔からこういう所として存在しているのです。しかし、そういう所だからといって、仏さまは捨て置くわけにはまいりませんので、釈尊のような姿で身を現わして、ここで法を説く。釈尊は八十歳で入滅されたけれども、実際には、法身《ほっしん》としての仏は人間としての生涯に限定されるものではない。もっと以前から、はるかな昔から成道しておられたし、人間としては入滅された後も、なおこの娑婆世界にとどまっておられるのだ。――こういう考え方をするお経もあらわれてまいります。それは『法華経《ほけきょう》』であります。

『法華経』の如来寿量品《にょらいじゅりょうほん》に、「常在霊鷲山《りょうじゅせん》」という言葉が出てまいります。久遠実成《くおんじつじょう》の仏が、常に霊鷲山にあって法を説いている。八十歳の入滅は、単なる方便である。「方便現涅槃」、つまり衆生をみちびくための方便として涅槃の姿を現わされる。大乗の経典は多かれ少なかれ、いろいろな形でさまざまな仏さまの名前を挙げながら、みなこのような趣旨のことを述べております。これは一面では仏というものを絶対的な存在として神格化したことになります。それを理論化しますと『般若経』で説かれる法身《ほっしん》となるのです。

如来常住（涅槃経）

さらにまた、『法華経』と同じ如来常住の説を、入滅の場を借りて教える『涅槃経』というお経もあります。この『涅槃経』は、大乗の経典の中でも比較的新しい時代にできたものと考えられます。と申しますのは、『法華経』をはじめ、いくつかの経典の名前がその中に挙げられておりますし、また教理的にも新しいものを含んでいるからです。『涅槃経』は入滅の時を舞台にしております。したがいまして釈尊が「法燈明、自燈明」と言われたこともふまえているわけですが、このお経では、永遠の存在としての如来の法身が、常住であり、究極的な楽であり、涅槃である――このように言っております。涅槃をもって楽となす、寂滅《じゃくめつ》をもって楽となす、こういう言い方も出てまいります。つまりこの『涅槃経』においては、涅槃とは完全な悟りの世界に入ることであって、無上の楽しみ、無上の楽であり、煩悩のない浄らかなものの極みであると考えられているのです。これと並びまして、仏教としてはたいへん大胆な言い方でありますが、そういう如来というものは、絶対的な存在として、偉大なる「我《が》」である、「無我」ではなくて「我」なのだと、そこまで言っております。如来とは、常楽我浄という四つの徳をそなえた存在である。こういう言い方をしているわけです。このように、『涅槃経』では如来が常住不変の存在であることを、たいへんに強調しております。

その如来がわれわれの娑婆世界に姿を現わす。実はこれが如来の如来たる所以でありま す。「如より来る」という意味での如来です。真如のほんとうの姿は人間には見えませんが、その真如が仮の姿で私どもの眼の前に現われたのが如来だということになります。その如来としての姿は仮のものではありますが、たとえば釈尊が八十歳で亡くなられたにしても、如来の働きそのものは、さまざまな形で無限に続けられるのです。それは何のためであるかというと、衆生を救うためです。ですから、如来が如来としてこの世に出現するのは、如来の慈悲のあらわれに他ならないと言えるでしょう。そしてその目的は、衆生を導くことにあります。このような趣旨から、如来がこの世に「出現する」という言い方をするお経も出てまいります。

如来の出現（華厳経）

『華厳経』というお経があります。これは大乗経典の中でもたいへん分量の多いお経ですが、この中に、「如来の出現」という表現で如来の働きを説く部分が出てまいります。六十巻の『華厳経』でいいますと「如来性起《しょうき》品」と名づけられている章がそれにあたります。

この「性起」というのは、『華厳経』のなかでもきわめて重要な教学的な問題を含んだ、むずかしい言葉ですが、このお経の他の漢訳を見てみますと、たとえば唐の時代に訳された八十巻の『華厳経』では、同じ章が「如来出現品」と訳されています。ですから、「性起」というのは「出現」と同じ意味だと考えられます。従って「如来性起品」は如来の出現を説く章である。こう考えてもさしつかえないかと存じます。

如来が出現するというのは、いいかえればこの世において働きを現わすことですが、それでは具体的に何を指して「如来が出現した」と言っているかといいますと、たとえば、『阿含経』ではこの世に初めて仏陀が現われたことがまず挙げられます。つまり、ブッダガヤーにおいて仏陀が誕生したこと、いいかえれば、ゴータマが仏陀になったことです。

はじめて此の世に悟ったものが出てきたこと、これが如来の出現の意味ですね。「一人この世に現わる。大智大光の出現なり」と述べられています。一人の男がこの世に現われる。それは大きな智慧、大きな光である。それは誰か。「如来、応供、正等覚者なり」とあります。如来の出現である、如来がこの世に現われたのであるといっているのです。ですから、如来の出現の第一の意味は、悟りを開いたという点にあるのです。

ところが、この『華厳経』の「如来出現品」を見ますと、如来が出現したというのは、悟りを開いたことだけを指しているのではありません。この世に姿を現わした、つまりこの世に誕生したこと、あるいは出家して苦行したこと、そしてブッダガヤーの地で悟りを開いたこと、それからベナレスで法を説いたこと、最後に涅槃に入ったこと、そのすべてが如来の出現である。つまり、釈尊の、如来の一生の全体が如来の出現である。法身が姿をとってわれわれの眼の前に現われたのだ。このように『華厳経』では説いているのです。

如来のはたらき

如来の出現の働きは、身体をもってする働き、口をもってする、つまり言葉をもってする働き、そして心をもってする働きに大別され、それぞれがさまざまに考察されております。たとえば身体をもってする如来の働きについていいますと、それは何と人間の姿をとった如来だけではなくて、あらゆるものの姿をかたどって現われる。その次の如来の心の働きというのは、智慧の働きです。それが大変重要なことでして、『華厳経』はそれに関してむずかしい教理を説いているわけではなくて、ただいろいろなたとえ話をたくさん並べているのですが、その如来の心の働き、如来が心の働きをもってこの世に出現している、その有様として、たとえば次のような話がおさめられています。

ここに、たいへん大きなキャンバスがあるとしましょう。どのくらい大きいかというと、そこにはあらゆる種類のものが、実物の大きさのままに描かれているのです。須弥山《しゅみせん》もその大きさの通りに描いてある。そして須弥山のまわりの四大洲もそのままに描かれている。つまり宇宙大の大きさのキャンバス、すべてのものが入る、三千大千世界がそっくりそのまま入るような大きなキャンバスです。そのキャンバスが、どういうわけか、たった一微《み》塵《じん》――微塵というのは原子のようなものです――、一個の小さな原子の中に全部つめ込まれてしまう。こういうたとえ話がのっています。三千大千世界、つまり、この宇宙の全体が、わずか一微塵の中に入ってしまうのです。そして、微塵の中に入ってしまったために、三千大千世界の中にはいろいろな働きをして役に立つものがたくさんあるにもかかわらず、全然役に立たなくなってしまっている。誰にも手の下《くだ》しようがない。ところが、ある一人の男が、その微塵を砕く智慧をもっていて、金剛杵を持ってきてその微塵を打ち砕き、中に封じ込められていた三千大千世界をそのままの大きさに全部広げて、世の中の人に役立つようにした。

――仏陀の智慧の働きは、それと同じである。如来の法身の持っている無限の智慧、正しくありのままにすべての者を教えみちびく智慧は、あまねく宇宙全体に広がっている。そしてこの宇宙の、ありとあらゆる衆生の中に、一人一人の中に、全部入りこんでいる。微塵にたとえられる、一人一人の衆生の中に、広大無辺たる如来の智慧の働きが、全部と じ込められている。ところが衆生はそれを働かせるすべを知らないのです。そこで一人のすぐれた人がこの世に現われて、その方便によって、それぞれの衆生に如来の広大無辺の智慧があるのを教え、どうすればそれを引き出して役立たせることができるかを教えてくださる。如来の智慧が一人一人の衆生の心の内にひそんでいる、というところを『華厳経』では「奇なるかな、奇なるかな。如来と同じ智慧が衆生の一人一人の中に入っている」という言葉で表現しています。しかし、この衆生の一人一人の内にある智慧は、如来の智慧としては働いておりません。これを働くようにしてくださるのが如来であるというわけです。

如来の智慧は、実は如来の法身そのものです。如来の法身とはいっても、何か実体があるわけでなく、この宇宙全体がそうであるといっております。万物すべてを照らす智慧の光が、あまねく世界全体を光被しているのです。そのおかげで、私どもの中にも如来と同じ智慧の光が恵まれている。私どもが自分でそれを育てたわけではありません。あくまでも如来の智慧の光が、ちょうど太陽が生きとし生くる者を育ててくれるように、周《あまね》く光被して、そのおかげで私どもの内にも如来と同じ智慧が育《はぐく》まれているのです。ですからすべてが如来の慈悲の働きの恩恵です。ところが衆生は、そのことを知らないままでいる。

そこで如来は、自分の智慧の働きによって、すべての衆生が同じ如来の智慧を内に潜ませていることをご覧になるわけです。如来でなければこのようなことはできません。如来の働きは、二重三重に私どもの所に及んでいる。智慧にもとづいたその慈悲のはたらきは、まさに広大無辺です。『華厳経』の「如来性起品」を読みますと、如来の智慧が一人一人の衆生の内に入っていることを、このようにたいへん力強い言葉で力説しております。

衆生の内なる如来

この『華厳経』の「如来性起品」あるいは「如来出現品」の教えを受けて、更にそれを一歩進めていきますと、われわれの存在というものをどう考えるかという問題が出てまいります。この問題を論じたものの一つとして『如来蔵経』というお経があります。これはたいへん小さなお経ですが、どう見ましても、『華厳経』の「如来性起品」の説を基本として、そこからもう一歩考え方を進めたもののように思われます。このお経もやはり、『華厳経』でいっているようなことを、さまざまなたとえ話をまじえながら、『華厳経』とはまた別の角度から教えてくれています。九つのたとえ話が出てきます。全くのたとえ話で、私どもから見れば架空の物語ということになりますが。たとえば仏さまが神通力を発揮されて、まばゆいくらいに燦然《さんぜん》たる蓮華の世界を眼前にあらわします。無数の蓮華があるのですが、まだ花開いていない。蕾《つぼみ》のままで無数の蓮華がある。みごとな蓮華だな、と思っていると、たちまちこの蓮華の花が開く。どうしてこの蓮華が蕾のうちから光っていたのかと思っていたら、その蓮華の台《うてな》に如来が一人ずつ坐っていて、それが燦然と金色《こんじき》に輝いていたのです。なんと見事なものよと思っておりますと、たちどころに蓮華の花がしぼみ、如来を包みこんでしまいます。しぼんだと思ったらだんだん腐ってきましていやな臭《にお》いがしてくる。こういう神通変化《じんづうへんげ》の奇瑞《きずい》をお示しになったあとで、仏さまは次のことをお教えになります。――萎《しぼ》んで腐った花弁に包まれた蓮華の一つ一つとは、実は私ども衆生の姿です。私どもは煩悩に包まれて、何も知らないでおりますが、その中には如来が燦然と輝いているのです。ですから衆生というものは、無限の煩悩に包まれて閉じこめられた光の輝く如来を自らの内にもっている、如来を内に宿している、如来をかくしもっている、というので衆生の一人一人を「如来蔵」というのです。

また、先ほど申しました『涅槃経』と共通したたとえ話もあります。

ある所にたいへん貧乏で困っている男がおりました。そこへ天眼通《てんげんつう》をもった男がやって来まして、あなたにいいことを教えてあげよう、お宅の下の土の中にはたいへんな宝物が埋まっている、と教えてやります。貧乏な男は、冗談だろうといって本気にしないのですが、その天眼通をもった男が地面を掘ってみせますと、言ったとおり、すばらしい宝物が出てきました。金の宝蔵です。――如来蔵もそれと同じように、持っている衆生当人には隠れていて見えないけれども、誰かが教えてやってそれを掘り出してみると、そこには如来と同じ働きをするものがあるというのです。

あるいは、大事にしている秘蔵仏を背中にしょって砂漠を歩いている旅人がいる。ところが不幸なことに旅の途中でその男は死んでしまった。仏像はぼろぎれに包まれたまま砂の中に埋もれてしまったので誰も気がつかなかった。そこへ天眼通をもった男がたまたま通りかかって、ここには仏像が隠されていると知って、掘ってみたら、はたして金の仏さまが出てきた、というような話もあります。

このようにさまざまなたとえ話で説明されているように、衆生は自分たちの内に如来をかかえ込んでいるのだけれども、自分ではそのことにちっとも気がつかないでいる。そこで仏は方便をもって法を説き、そして衆生の内なる仏を開発してくださる。開発して、これを仏に仕立ててくださる、こういう言い方が出てきます。このような如来の働き、いわゆる慈悲の働きは、われわれも仏と同様に自らの内に資質としてもっている。それを開発してくださるのが如来の働きである。こういう考えが『如来蔵経』では強調されています。

この「如来蔵」という漢訳語の「蔵」に相当するインドの原語は「胎」、つまりお母さんのおなかを意味します。ちょうどお母さんのおなかに赤ちゃんがいるように、衆生は一人一人、おなかの中に仏といわれるものを抱いているというのが、如来蔵という言葉のもとの意味であります。漢訳いたしましたときに、それを理論的にあらわして「如来蔵」と言ったのです。これをより一層理論的に表現いたしますと、仏となる可能性、仏となる能力、仏となる原因とも考えることができます。いまは仏でないけれども、これがあるために将来において仏となりうるような原因、そういう意味で「仏性」と名づけるようにもなりました。仏の性質、仏と同じ性質ということです。

このように、「如来蔵」というのは、如来の赤ちゃんが私どもの中にいて、それがやがて成長するという考え方ですが、必ず成長するとは限りません。ほっぽらかしておいたのでは赤ちゃんは育たない。育てるために、まず開発してくださるのは仏さまの教えですが、その教えを聞いているだけでは駄目で、やはり自分が育てなくてはならない。それが『涅槃経』でいう「自燈明」なんですね。

衆生が本来仏と同じ性質をもっているということと、「自燈明」の教えが、ここで結びつけられます。仏と同じ性質をもっているからといって、いまの状態がそのまま仏であるわけではない。現状をそのままでよしとするのではなくて、開発していかなければならない。仏の教えを聞いて、自分の内なる仏と同じ性質を磨いていく、それが悟りに向かう道である。こういうことで、この性質を如来蔵とか仏性とかの言葉で表現するようになったわけです。

大乗仏教の究極

もう一つ大事なことは、この仏性が、この人にはあるけれども、あの人にはないとか、善人にはあるけれども、悪人にはないとか、そういうものではないということです。人殺しをした人にも仏性はある。地獄におちた衆生にも仏性はある。すべての衆生が仏となる可能性をもっている。『涅槃経』は、一方では先ほどの「如来常住」を説くと同時に、その一方で「一切衆生悉有仏性」といっております。例外をつくらない。これはきわめて大事なことです。たとえ重い罪障をもっている人にだって仏性がある、ということです。

このことは、実は『法華経』にも説かれております。大乗仏教においては、菩薩思想が強調された結果、声聞《しょうもん》とか縁覚《えんがく》とかの、いわゆる小乗の教えに甘んじている者は成仏できないとされておりましたが、『法華経』の中ではじめて、如来が「お前たちも仏になれるのだよ」と摩訶迦葉《まかかしょう》をはじめとする声聞たちにさとされるのです。自分たちにも如来となる資格があると如来から知らされて、大迦葉は感涙にむせびます。如来蔵あるいは仏性という言葉はここには出てまいりませんが、趣旨は『法華経』においても同じなのです。

先ほどの『華厳経』にありました如来の出現という考え方、そして如来の智慧があまねく満ちているという考え方、さらに今の『法華経』の一仏乗の教え――大乗という乗り物は乗りこぼしがない、すべての者を差別なく乗せるという意味で一乗なのです――、このような思想が根本となって、それを別の角度から考察したときに、すべての者が仏になりうるという、如来蔵とか仏性の思想が出てきたのです。

そう考えますと、如来蔵、あるいは仏性の教えは、仏教における、ことに大乗仏教における一番究極的な教えであろうと思われます。阿弥陀さまの教えでも何でも、すべてその中に含めて考えることができるような、きわめて重要な考え方、大乗の一番根源にある教えであると言えましょう。しかもそれが仏陀の真意そのものにもっともよくかなっている。仏の本質が最初に申しました「自覚覚他」、自ら覚ると同時に慈悲によってすべての人を悟らせる、覚他によってはじめて覚行が円満するというものであるならば、その仏の本質を積極的にもっともはっきりした形で表現したのが如来蔵とか仏性の考え方であると私には思えるのです。

日本の仏教は、大乗仏教の一番究極のものであると自負しております。考え方としては、法華一乗、さらに如来蔵、仏性、一切衆生悉有仏性と、『法華経』から『涅槃経』にいたる教えを一番究極のものとしている仏教です。そういう点を、日本の歴代の仏教者たちはたいへん誇りにしてまいりました。そして、それが如来のもっとも本源的な真意にかなうものであると自負しています。この自負はもっともなことであろうと私も思います。

ただここで気をつけないといけないのは、自分は如来と同じなんだから今さら修行などしなくていいのだということになってしまうと大変なことですし、また、仏性がウパニシャッドのアートマンのように、心臓か何かにあるのだという実体的な考え方になってしまっても困るわけです。これは両方とも身勝手な考え方です。人に対して言うだけでなくて、私も含めて一人一人が自分自身の問題としてこれから考えなければならない問題であろうと思います。

しかしとにかく、仏性であれ如来蔵であれ、それを可能ならしめてくださるのは仏である。仏の慈悲である、如来の働きである、ということを抜きにしては、如来蔵ということは考えられません。ここのところをはっきりご確認いただいたところで、このたびの私のお話しはひとまず終わらせていただきたいと存じます。

Ⅱ

如来の出現

一

　四月八日は仏の誕生日である。この日をわれわれは仏生会《ぶつしょうえ》とも降誕会《ごうたんえ》とも、あるいは灌仏会《かんぶつえ》ともよんでおまつりをする。灌仏会というのは、その日、花御堂《はなみどう》の中に、「天上天下唯我独尊《てんじょうてんがゆいがどくそん》」と宣言している姿をあらわした誕生仏をまつり、盥《たらい》の中に安置して甘茶をかけてお参りするからである。これがまた「花まつり」とよばれるのは、元来民間の風習として陰暦四月に行われた春の花まつりと仏生会がむすびついたものといわれている。

　仏生会は四月八日ということで、季節に因《ちな》んで仏の誕生を話題にしたのであるが、実は仏の誕生が何月何日であったかはわからない。インドやスリランカ（セイロン）の伝承では誕生・成道・涅槃はすべて二月十五日、つまりウェーサカ月の満月の夜ということになっている。太陽暦で五月の満月に当る。この二月十五日が、中国暦への読替に際し、四月八日（誕生）とも十二月八日（成道）とも換算され、あるいは暦日のまま二月十五日（涅槃）としてのこったということらしい。

ところで、これから問題にしようとしているのは仏の誕生が何年何月何日であったかの詮索ではない。仏の誕生とは何を意味し、如何なる意義をわれわれに対して有しているかということである。

誕生とは、生物学的には、胎生の動物の場合、母胎から胎児の出生する瞬間をいう。これは説明を要しまい。仏教の開祖シャーキャムニはカピラ城郊外ルンビニーの園において、浄飯王《スッドーダナ》の妃摩耶《まや》夫人から生まれたという。ただし、仏伝の伝えるところでは、母の脇から生まれ、産道は経過していないという。それはともあれ、シャーキャムニはシャーキャ族の出身の、紛れもない人の子であった。花まつりを祝う時、われわれは歴史上の人物としてのシャーキャムニを想いうかべ、その恩徳を仰ぎ、余慶を感謝しているのである。

さて、母胎を出た時、シャーキャムニはまだシャーキャムニではなかった。シャダールタと名づけられたということも定かでない。後世、シャーキャムニの誕生を仏の誕生といい、あるいは菩薩《ぼさつ》の誕生ともよぶ。菩薩とは、教理上の定義としては、菩提《ぼだい》（さとり）を求めて修行する薩多（衆生）、発菩提心した衆生ということで、成道以前の仏をさす名として用いられている。しかし、シャーキャムニ（と後に世人によばれた人）が発心したのは、妻子を捨てて出家した時であるから、それ以前は菩薩ともよべない。

このシャーキャ族生まれの貴族の青年が、妻子をすてて出家した後、六年もしくは七年の修行を積んでさとりをひらいた。すなわち、ある日豁然《かつねん》と心内のなやみやまよいが消えてはれわたるという大回心を体験したこと、これはやはり歴史的事実と考えなければならないが、このいわゆる成道・成覚をもって、正確には「仏の誕生」というべきである。仏教徒にとって、もっとも根元的な意味での仏の誕生とは、成道の事実でなければなるまい。

二

成道・成覚こそが仏の誕生であることは、いろいろの経典から知られるが、とくに代表的なものとして、パーリ語の聖典中の次の経文が重要である。

「比丘たちよ、ひとりの男がこの世に生まれた。かれは多くの人々の利益のため、多くの人々の安楽のため、世の人々を慰むため、天界・人間界の衆生のため、利益のため、安楽のために生まれる。その一人というのは誰のことか。すなわち、如来・応供・正等覚者のことである。」

この『増支部』の経典(『増支部』一・一三・一)に相当する漢訳の『増一阿含《あごん》』にも、これとほぼ同じ意味をもつ文が見え、伝承はかなり古いものと知られる(巻三、阿須倫品第八)。

さらにこの経は、この「世に現われ出た一人」は極めて難得であるとか、その人は「無二、無比、無等のもの、人間の中の最勝のもの(両足尊)」であると言い、また、その人の出現は、「大眼の出現、大光の出現をもたらす」とものべている。これらの説明は成道のむずかしさと、その世の中に与える大きな意義（大きな智慧の光）を教えているものである。すなわち、それは「仏」の本質にかかわる問題を呈示しているといえる。（漢訳とパーリでは細部にわたっていろいろ出入もあり、解釈の異なるところがある。これは所属の部派の教理——仏身をどう考えるか——と、年代的な増広によるものであろうが、いまは深入りをさける。）

右はいわば、文字どおりに「仏の誕生」をさすものとして、仏生会における肉身の誕生以上に、仏教教団にとっては重要な意義をもつ。ルンビニーにおける誕生はむしろ、この「仏の生誕」を土台として、さかのぼってその意義を認められたものに他ならない。しかし、仏の伝記にあって誕生は次第に神秘化され、それに先立って、兜率天《とそつてん》からの降下、その前の諸種の本生《ジャータカ》、さらには三阿僧祇劫《あそうぎこう》に及ぶ菩薩としての修行、そして最終的に、仏伝の出発点として燃灯仏《ディーパンカラ》から釈迦文仏として成仏の記別《きべつ》を授けられること等々が「如上」されると、仏の誕生＝成道はその当然の結果として語られ、当初の驚きと喜びはうすらいでいく。仏が人でなくなるのである。同時に、成道については、別の形での考察がすすめられて、より意義が深化されることになる。

三

前に挙げた経典の一節に

「一人がこの世から没尽《もつじん》して、多くのものたちが愁い悲しむ。一人とは誰か。如来・応供・正等覚者である。」

という項がある。これはいうまでもなく、仏の入滅、すなわち大般涅槃《だいはつねはん》をさしている。肉体を具えた仏陀の死である。

誕生は喜びであり、死は悲しみである。これは常識の世界のことである。また偉大なる人類の教師、シャーキャムニに対する仏弟子、信者たちの感情として真実である。

しかし、仏とはいったい何であるのか、どうして如来といわれるのか。こうした点についての考察が、教師シャーキャムニの死とともに、弟子たちの間で切実な問題としておこって来た。さとりを得て、仏陀は不死となったといわれる。不死なるブッダの死とは何か。『涅槃経』はブッダの死の意義を「偉大にして完全なる涅槃（＝寂静・平安）」と意義づけ、またその時期がシャーキャムニ八十歳の時におこったことについて「化縁《けえん》完了」（衆生済度のはたらきをなしとげた）と了解することになった。そして一方では、入滅の後には仏の説いた法がよりどころであること、それを実践する各人がその法を体得すべきものとしてよりどころたるべきことが、ブッダによってさとされたと告げている。法が生身《しょうじん》の仏に代って帰依すべきところとなるということは、仏の本質、仏をして仏たらしめているものが、肉身ではなくて、法であること、すなわち、仏の身は法より成る身であること（法《ほっ》身《しん》）を暗示している。同じく入滅の状況を説く『遺教経《ゆいきょうぎょう》』は、そこで明らかに「如来の法身が常にいまして而《しか》も滅せざるなり」と教えている。この法身は、「自利利人の法」のことで、如来所説の法にほかならないが、その法を「自今以後、わがもろもろの弟子が、展転《ちんでん》して（代々相つたえて）行ずるならば、即ち、是れ如来の法身が常に在ることになる」、というのである。法身はこのように不滅であるから、汝らは悲悩を抱いてはいけない。むしろ、いまこの罪悪の根元たるもの、身すなわち肉体を捨てることは、怨賊《おんぞく》を殺すようなもので、智者ならば歓喜すべきことではないか。あるいは、仏陀は、成道によって涅槃（心の平安）は得たが、なお肉体という煩悩のよりどころ（もしくは根元）が残っていた（有余依涅槃《うよえねはん》）、しかし、死によって、そのような悪の根元のない完全な涅槃（無余《むよ》依《え》涅槃）に入ったとも説かれるようになる。こうして、シャーキャムニ＝ブッダにおける肉体の意義は次第に縮小され、極小化されていき、はては、生身つまり人としての一生は、成道も、涅槃もふくめて、すべてが仮の姿であるということになる。そして、「如来」ということばが、この見方を支えるものとして、教理的に重要の度を増すこととなるのである。

四

如来《タターガタ》はその原意不明の語であるが、ブッダが成道直後、ベナレスにおいて五人の友と会った時、かれらが「ゴータマよ」とよびかけたのに対して、自分はさとった者、如来である。このような自分のことを名前や、「友よ」とよんではならないとさとしたと伝説されている。その事の真偽はともかく、「如来」の語は当時、宗教的な賢者に対するよび名の一つとして、周知のものであったものと推定される。また一方、ブッダの十四捨置《しゃち》、いわゆる形而上学的な問題に対する無解答（無記）の条項のうちに、如来のいのちの滅・不滅の問題がある。この如来とは、通常の「人」をさすようにもうけとれるが（たとえばブッダゴーサの釈では如来＝衆生）、仏典中で、この問題以外で、如来を衆生ないし一般の人の意味で用いているところはないから、ここも仏をさすと見る方が妥当かも知れない。

このような「如来」は（つまり仏の名号の一種としての如来は）、ブッダゴーサによれば(1)そのように到れる（tathā āgato 如来）、(2)そのように逝ける（tathā gato 如去）、(3)真実の相を逮得せる（tatha-lakkhaṇam āgato）、(4)真実の法を如実に現等覚せる（tatha-dhamme yathāvato abhisambuddho）、(5)真実を見る者たること（tatha dassitā）、(6)真実を語る者たること（tatha-vāditā, āgata＝āgada＝vādita）、(7)そのように（言ったとおりに？）なす者たること（tathā kāritā）、(8)勝れていること（abhibhavana）などの意味で如来である、という。「如」がありのままなること、真実を意味することは漢訳の伝承においても同じであり、大乗もまた同様である。

『十住毘婆沙論《じゅうじゅうびばしゃろん》』（巻一）には如来を説明して、「如とは名づけて実となす。来とは名づけて至となす。真実中に至るが故に、名づけて如来となす」と述べ、次いで、「何等をか真実となす」といって、以下、(1)涅槃、(2)不壊相《ふえそう》＝諸法実相《しょほうじっそう》（来とは智慧を名づく）、(3)空無相無作《くうむそうむさ》（の三解脱門《げだつもん》）(4)四諦《したい》、(5)六波羅蜜《ろっぱらみつ》（この六波羅蜜を以て仏地に来至するから如来）、(6)諦・捨・滅・慧の四功徳処《くどくしょ》、(7)一切仏法、(8)一切菩薩地（歓喜ないし法雲）、(9)如実八聖道《にょじつはっしょうどう》分、(10)権智《ごんち》二《に》足《そく》（方便と智慧を両の足として仏に来至するから如来）、と、「如＝真実」を如何に見るかに応じて十種を分け、他に(11)「如去不還の故に如来と名づく」と述べている。この(11)は tathāgata を tathā-gata と解するもので、(1)から(10)が tathā-āgata と解するのから区別される。ここには、「如」の説明の内容が大乗仏教の教理（般若や華厳十地経）に応じて異なっているのみで、「来」＝「至（āgata）」と見ても「去（gata）」と見ても、実はそのさすところは同じである。つまり、来か去かは如を運動の到達点とみるか、起点とみるかではなく、迷から悟へという運動で、到達点に関していえば来、起点からみれば去（去りて還らず）という差異にすぎない。このように「如来」がさとりを示すという解釈は『般若経』においても見られる。

　これに対し、われわれは一般に「如来」を「如より来至せる者」の義に解している。

（「如に去る」とならべて）『大智度論』では、「多陀阿伽陀」（tathāgata）を釈して、(1)法《ほっ》相《そう》の如くに解し、法相の如くに説く。(2)諸仏の安隠道より来る如く、仏も亦是の如く来りて、更に後有中に去らず。（後有《ごう》は死後の再生、つまり輪廻《りんね》。解脱して二度と輪廻の道におちいらないの意）の二義をあげ（巻二）、あるいは、(1)衆生を以て名づけ（十四置難の如し）、(2)仏を以て名づけるの二種を挙げ、(2)については、「定光仏（ディーバンカラ＝燃燈仏）等の如きは、智もて諸法の如を知り、如中より来りたまう（従如中来）が故に如来と名づく。釈迦文仏もまた是の如く来りたまうが故に如来と名づく」と、前とはぼ同義に釈している（巻五五）。ここでは何れも āgata と解しつつ、āgata を如に至る（知る、語る）と、如より来るの二義、二方向に解しているようである。ただし、巻二の釈は「安隠道より来る」（安隠道来）といっても、その来は如に来ると解した方が原義に忠実であると思われるから、それならば、巻五五だけが、われわれの通常の解釈を支持する出典ということとなる。

五

このように「如来」を「如より来至する」と解釈するのは例も少なく、また、明らかに一番おくれて成立した解釈と思われるが、これが大乗仏教の仏身観を考えるに当っては非常に大きな意義をもっている。またそれが、いま問題にしようとしている「如来の出現」

の意味にかかわっているのである。

第一は、如に来るとか、如に去るとか、如より来るといわれる場合の「如」の教理上の独立である。如は大乗の術語としては「真如」(tathatā そのようであること、ありのままなること)であるが、これは「法界《ほっかい》」(諸法の根元)、「法性《ほっしょう》」(諸法の本性「諸法実相」)、「実際《じっさい》」(真実の極限、究極的真実)と同義語といわれ、その内容は「縁起」「空性」であると教えられる。このような「法性」については、阿含以来、

「如来が出現しても、出現しなくても、これが、諸法の法性である。つまり、これによりてあること(此縁性=縁起)が。」

と教えられているもので、法性・真如は、如来が如に至ろうと至るまいと(つまり、仏となろうがなるまいが)、それにかかわらず厳然として変わらない真理をいう。如来とはそのような真理と一体になったもの、真理=法を体としているものとして「法身《ほっしん》」とよばれる。「法身」はまた諸仏の本質、諸仏の法性で、法界でもある。

第二は、何のために如来は出現するのかということである。ここではまず、前に挙げた一人の出現を説く経をふりかえってみる必要がある。そこには、

「一人が、多くの衆生のため、利益のため、悲愍のため……出現する。」

云々とあった。すなわち、如来の出現は衆生済度のために如来の大悲のなせるわざということである。これは入滅の化縁完了と対置される。この世に如来として出現するのも、そ

して、「成道の夜から涅槃の夜に至るまで、つねに真実を説いて」後、この世から身を隠《おん》没《もつ》するのも、すべて、衆生済度のための如来のなしわざである。このなしわざは、われわれと同じ肉身（色身《しきしん》）を伴うブッダとして果された。しかし、その肉身はわれわれのような業生身《ごっしょうしん》、輪廻の身、過去の業の果報として輪廻の中にある身ではない、それは、真如と一体となった如来の真身――それは肉体はない（無余依涅槃身にほかならない）――、法を体としている身（法身）が、衆生済度の目的をもって、仮りに、肉身を現じたものにすぎない。つまり一種の化生身、化身である。法身は常住不滅であるが、化身たる色身は無常であり、生滅が現ぜられる。この場合の生滅は、衆生一般と同じく、誕生から死へであり、釈尊八十歳の生涯をさすことになるので、第一の意味の「仏生」がかえって意味をおびてくる。もちろん、生は何度でも可能であり、衆生済度のためにはむしろ必要であるから、数多くの本生もその意義をそこなわれることはない。ただ、過去無限の功徳の集積（菩提資糧《ぼだいしりょう》たる六波羅蜜の集積）の結果成仏したという、諸種の仏伝の伝える神話はその意義をうすめることになろう。

六

このような、法身から、衆生済度のためにこの世に現われて色身を現じ、如来業をなすことが第三の意味の「仏の誕生」、「如来の出現」である。この意味の如来出現は、たとえば『法華経《ほけきょう》』の「如来寿量品」のいう「方便現涅槃而実不滅度」「於阿僧祇劫常在霊鷲山」等の教えにも示されているが、この主題を正面からとり上げたのが、『華厳経』の「如来出現品」（『八十華厳』）である。そこでは、「如来の出現の意義」が、その十相にわたって説かれている。十相というのは、

一、出現之法（性起正法）、二、身相（身）、三、言音（音声）、四、心意（心）、五、境界（境界）、六、所行之行（行）、七、成道（菩提）、八、転法（転法輪）、九、入涅槃（大般涅槃）、一〇、見聞親近所種善根（見聞恭敬供養所種善根）。（カッコ内は『六十華厳』の訳）

のことで、この十項を以て同品の全体の内容が示されている。

このうち、第一は総説で、チベット訳から判ずると「如来の生起・出現の説示（*tathāgatautpattisaṃbhava-nirdeśa）」とあって、同品の品名と一致する。『六十華厳』がこれについて「如来性起正法」と言って、「性起」という特殊な訳語を用いる意義（品名も「宝王如来性起品」）については、後で考察する。因みに、この品では如来の威神力を承けた如来性起妙徳菩薩（*Tathāgatagotrasaṃbhavaśrī）が、同じく如来の威神力を承けた普賢菩薩に如来出現の十相を問い、普賢が答えるという形をとる。

次の㈡㈢㈣は如来の身口《しんく》意《い》の三業のはたらきを説くものである。そのうち第四心業の第十番目の比喩が、有名な一微塵中に三千大千世界を含むという話で、衆生のひとりひとり

に、如来の智慧・徳相が具わっていることが譬えられている。それが他ならぬ如来の意業とされる点が注目される。㈤と㈥は、如来の三業のはたらく対象（境界 viṣaya）としての諸種の衆生界と、如来の行動範囲（行境 gocara）としての仏国土を意味する。㈦㈧㈨は、如来が衆生のために示現した成道ないし涅槃で、本来の意味での如来の出現の範囲に相当するが、内容的には、たとえば菩提は大海にたとえられ、その中に一切衆生の心念が照らし出されている（いわゆる海印三昧《かいいんざんまい》）というように、独自の広大な教説が展開している。第十相はこの如来出現の法門を見聞・供養する善根の得果を説くものである。この経でいう如来はいわゆる毘盧遮那《びるしゃな》如来で、如来の智慧の普ねくはたらいて（遍一切）滞ることのない点を、万物を遍照する太陽にたとえて名としたもので、法身とよばるべき仏身をいう。その法身から現われ出る身口意の三業を以てする如来のなしわざが、ここでいう如来出現の法である。華厳教学流にいえば「果海の大用《だいゆう》」であり、唯識《ゆいしき》説流にいえば、無分別智後得の清浄世間智のはたらきである。因みに『解深密経《げじんみつきょう》』の「如来成所作事品」は、この如来出現の十相を説くもので、『華厳経』の如来出現品を承けて成立したことは明らかである。

七

ところで、このような説明をもつ「如来の出現」を『六十華厳』つまり晋の、仏駄跋陀《ぶっだばっだ》羅《ら》訳の『華厳経』が何故「如来性起」と名づけたのか。その意義は那辺にあるのか。この問題はかつて詳細に論じたことがある（川田・中村編『華厳思想』法蔵館、昭和三五年所収）ので結論だけ言うと、

(1) 「性起」とは第一に、登場の中心的菩薩の名「如来性起妙徳」（如来族姓成首）にみえるように、如来の種姓（gotra 家系）に生まれるという意味である。これは菩薩一般をさすのが大乗の用法である。

(2) 第二に「性起」は性の起、性の顕現であるが、この「性」とは如来の本質ということで（gotra = dhātu. 界）真如・法界をさす。如来のはたらきは真如・法界の顕現であり、性の起である。

(3) 第三に、この「性起」は如来出現の第四相で示されたように、衆生のひとりひとりに如来の智慧がゆきわたり、したがって衆生もまた如来と本質を等しくする（奇なる哉、徳相具備して、我身と異なることなし）という結果を生む。つまり、衆生がすべて、如来の性起の結果である。そして、それによって、衆生は「如来蔵」（如来〔の智慧・徳相〕を内に宿すもの）とよばれるに至る。——いわゆる如来蔵思想のおこりで、それを最初に提唱する『如来蔵経』は『華厳経』の「如来出現品」（「性起品」）の影響下に成立した経典である。

(4) この如来蔵思想では、右の事実、如来智の滲透、如来と本質（真如）を同一にする

ことを理由に、衆生ひとりひとりに成仏の可能性をみとめる。つまり、衆生のうちなる、如来と同じ本質は、まだ煩悩にかくされていて、如来のようには働きを顕わさないが、それが因となって、機縁熟したあかつきに、如来となる、つまり如来を出現する（成覚する）可能性がある。この果を予想して、衆生を「如来蔵」とよぶといい、それをまた『宝性論』では「如来の性の成立するの義（tathāgata-gotra-sambhava-artha）と解している。これが「性起」の第四義で、その果としての衆生すべての成仏（如来出現）こそが、正に

仏の誕生

- ①出胎（菩薩の誕生）
- ②成覚（大智・大光の出現）（衆生利益の為）

如来

- ①如ニ至ル（如去）
- ②如ヨリ来ル

如来出現（化身の事の一つとして）

- ①成覚（十相の一つ）諸仏の出世
- ②法身の顕現（十相）化身・如来業

性起

- ③性（家）に生まれる……菩薩
  性（因）の成立……仏性、如来蔵
- ③性（因、如来蔵）より の仏三身（果）の生起　因行
- ①性（如来 法身）の顕現　果行（性起十相）
- ②性（真如 法界）の顕現　理行（法界縁起）

如来出現の目的（衆生の利益のため、悲愍のため）に叶う究極の目標に他ならない。

以上、「仏の誕生」から「如来の出現」を経て、「性起」の観念の展開を見た。それがまた「如来の出現」のいろいろの意味を示していることも見たのであるが、同じことがまた、「如来」という語自体についてもいえることも自ら知られるであろう。いま、それらをまとめて表示して（前頁）、この稿のむすびとしよう。

宝性論入門

一

『宝性論《ほうしょう》』は如来蔵《にょらいぞう》思想を説く論典である。如来蔵思想は『如来蔵経』をはじめとし、『涅槃経《ねはんぎょう》』『勝鬘経《しょうまん》』『楞伽経《りょうが》』などいくつかの大乗経典に説かれている。また、『大乗起信論』なども、その種の論典の一つで、しばしば、この思想を代表する典籍とみなされることが多い。『宝性論』はその点、それほど有名ではないが、如来蔵思想の歴史から見ると、最も由緒正しく、かつ、一番重要な論典である。由緒正しいというのは、内容上、『如来蔵経』その他の経典に説かれた如来蔵思想を最初に組織立て、理論づけた論典であることと、サンスクリットの原典が存在し、かつ、漢訳とチベット訳が揃っていて、資料的に完備していることと、を言う。『大乗起信論』も、また『仏性論』も、如来蔵思想を考察するに当たって省くことのできない重要な論典であるが、惜しむらくはいずれも漢訳しか残っておらず、由緒の点で確実性がない。こういう次第で、ここに『宝性論』を採り上げて、その内容を紹介することとしたが、『宝性論』への入門は、まず何よりも如来蔵思想への入門であることを覚えておいていただきたい。

二

さて、如来蔵思想とは、すべての衆生が例外なく如来と同じ本性をもっており、その本性の故に仏となる可能性があると説く教えである。仏教はそのはじめから、弟子たちが修行によって教主と同様に、さとりをひらくこと、すなわち、仏となることを目標としているから、仏教はすべて如来蔵思想を説くものだということになるかも知れないが、そのような歴史の中で、「すべての衆生はその内に如来を蔵している」という意味で、衆生をさして如来蔵とよんだのが、この思想の起こりで、『如来蔵経』がはじめて主張したものである。ついでながら、『涅槃経』はこの『如来蔵経』の思想をうけつぎながら、その衆生のうちなる本性――如来と同じであるがまだ現実に如来とはなっていない、あるいは、如来としての働きを現わさないもの――に対して、はじめて仏性の名を与え、「一切衆生、悉有《しつう》仏性」と表現した。ところで「如来を内に蔵する」と説明した如来蔵という語は、インドの原典ではタターガタ・ガルバとよび、これを直訳すると「如来の胎」もしくは「如来の胎児」という意味になる。すなわち、衆生が如来蔵であるということは、衆生がその胎中に如来を宿している（如来が胎児）と解するか、あるいは、衆生が如来の胎児であると解するか、どちらの意味にもとれる。さらにまた、ガルバは、この胎、もしくは胎児という意味から派生的に、内部にある本質とか、胎児が後に成人するごとく、一人前になるための種、因子たるものとか、そういうものを生み出す母胎とかの意味に解されるところから、タターガタ・ガルバが直ちに、如来の因たるもの、如来を如来たらしめる本質をも意味することとなった。そうすると、衆生は如来の因、如来と同じ本質を有するものであるという意味で、衆生は如来蔵を有すると言うことになる。この場合には如来蔵は仏性と全く意味が同じである。

しかし、如来蔵ということばには、仏性にはない含蓄がある。たしかにわれわれには、すべての衆生には仏性があると言った方が明解であるが、如来蔵は、その仏性が目のあたり顕わに見えるのでなく、隠されていてまだその働きをあらわしていない(まださとりをひらいていない、まだ仏ではない)という、衆生の現実の姿を示している点に長所がある。隠されているということは、一方では働きを現わさないということを示すとともに、他方では衆生自身がそのことを知らない、自覚していないという意味もあらわす。また、何によって隠されているかというと、無量無数の煩悩《ぼんのう》の蔽《おお》いにつつみかくされているのだと説明される。つまり、衆生は現実には煩悩のかたまりで悪行を積み重ねているが、その本性は如来と同じく純粋清浄で完全なものである。ただそのことを衆生は無知の故に気づいていない。如来の智慧だけがこのことを見通していて、衆生の無知を憐むが故に、法を説いて衆生にそのことを教え、かれらのもつ可能性をのばして、さとりをひらくように導くのである。このように如来蔵ということばは、衆生の現実の状態とその可能性、そして、それに対処する如来のはたらきをも予想させる点で、難解ではあるが、含蓄の深いことばである。

『如来蔵経』は右に説いたような教理を九つの譬喩によって教えようとするものである。譬喩は譬喩一分といわれるように、喩えられた教理と理論上全く同一とはいかないが、感覚的に理解するのに大いに役に立つ。ことに『如来蔵経』の九喩は『宝性論』がとり上げて縦横に分析しているように、如来蔵のもつさまざまの側面をあらわす重要なものなので、ここで略説しておくことは無駄ではあるまい。

九喩は次のとおりである。

(一) 萎《しぼ》んだ蓮華の萼《うてな》に鎮坐する化仏《けぶつ》。蓮の萼は中に種子を蔵している点で同じくガルバとよばれる。そこに仏が在すというのは如来が神通力で化作《けさ》した奇瑞《きずい》なのだが、衆生が如来を内に宿していることを知らせるための如来の方便である。

(二) 群蜂にとりかこまれた蜂蜜。――養蜂師は巧みに蜜蜂をおいはらって蜜を採集する。

(三) 外皮につつまれた穀物。――穀物は外皮を除き、精白しなければ食用に供されない。

(四) 不浄処におちた真金。――金はどんなに汚いものの中にあっても、化学変化もおこさず不変である。

㈤　貧家の地下にある宝蔵。——あわれな貧乏人は、その地下の財産について知らずに、貧乏に苦しんでいる。

㈥　樹木の種子。——種子は地に埋められ、水や日光の力を得ると、外殻を破って芽を出し、やがて大樹に成長する。

㈦　ぼろきれに包んで道に捨てられた仏の彫像。——旅人が家宝の仏像を強盗にとられない用心にぼろきれに包んで出かけたが、途中で死亡し、仏像は道に捨てられた。長い年月を経て天眼《てんげん》の人がはじめてこれを発見し、中の仏像をとり出したという話。

㈧　転輪聖王《てんりんじょうおう》の王子を懐妊した卑賤な女。——インドの社会制度にしたがえば、どんな卑賤のものの腹に生まれても、王族の子は王族である。それと同様、どんなに苦にさいなまれていても、衆生には如来の血統（種姓《ゴートラ》）があり、その血統の故に、将来、仏となる可能性がある。

㈨　鋳型の中の真金像。——鋳像師は頃あいをみはからって、巧みに鋳型をわって、中の像をとり出す。

右の諸喩では、あるものは不変なる本性、価値ある本性を強調して、金、宝石、宝像にたとえ（第四、五、七、九喩）、あるものはやがて如来となるという成長を強調し（第六、八喩）、あるものは内に蔵《かく》れて役に立っていない点を示し（第三、五、七喩）、あるものは無知の故の衆生の苦悩を強調し（第五、八喩）、また、あるものは方便をもって内部の能力を開発する如来のはたらきを強調する（第二、九喩）など、少しずつニュアンスの相違があるが、それらの総合から如来蔵のイメージを知ることは比較的容易であったろう。

『如来蔵経』はこのように譬喩をとおして、すべての衆生が内に如来を宿していることを力説したが、すべてその衆生のうちなる如来と同じ本性とは一体何を言うのか。『如来蔵経』が予想していたのは、自性清浄心《じしょうしょうじょうしん》で、これは、「衆生の心は生まれつき白紙のごとく清浄であるが、一時的に附着した煩悩のために汚されている」（自性清浄心、客塵煩悩染《かくじんぼんのうぜん》）という原始仏教以来の教えである。しかし、その自性清浄心が何故汚れるのかとか、どういう点で如来と同じと考えられるのか、何の力でそうなっているのか、等々の理論的反省は何も果していない。そのような諸点は後につづく『不増不減経《ふぞうふげんきょう》』『勝鬘経』もしくは『涅槃経』といった諸経典において展開し、理論化される。そうして、諸経典における各種各様の理論化の試みの後をうけて、『宝性論』がはじめてこの思想を体系化したのである。

三

『宝性論』はサンスクリットの題名を「ラトナゴートラ・ヴィバーガ（Ratnagotra-vibhāga）」という。直訳すると「宝の山（宝性）の分析」ということである。宝の山《ラトナゴートラ》とは本来、宝石を産出する鉱山もしくは鉱石をさす語である。宝石造りは山から鉱石を掘り出して来て、種々の手段で夾雑物を取除き、磨きをかけて宝石に仕上げる。如来はそれと同様に、煩悩の垢にまみれた衆生を鍛錬して、さとりをひらかせる、というのは『宝性論』が引用するところの『大集経《だいじつきょう》』に説かれる譬喩である。つまり「宝性」は如来蔵・仏性をあらわす譬喩の一つなのだが、教理的には、宝というのは仏法僧の三宝で、三宝をうち建てる原因となるものという意味で、如来蔵が「宝性」とよばれるのだと説明される。したがって、「宝性の分析」とは如来蔵思想の解明ということにほかならない。

ところで、分析と訳したヴィバーガ（vibhāga）は漢訳で一般に「分別」と訳し、AとBとを区別するという風にも使われる（たとえば『中辺分別論』――中と辺との区別を説く論）。それから言うと、「宝性の分別」は、三宝と、性すなわち（三宝の）因との区別、すなわち、仏をはじめとする三宝と、その建立の因としての衆生の如来蔵はどのようにちがうのか。あるいは、三宝とは何であり、三宝の因＝宝性とは何であるかと区別して知ること、の意味となる。実際に、『宝性論』の構成をみると、冒頭に帰依三宝を表明する詩頌を掲げ、三宝とは何かを説明し、その後で、三宝建立の因としての如来蔵・仏性の説明に入るという形をとっている。とはいうものの、本論はあくまで如来蔵・仏性の説明・解説であって、三宝論は序説的なものであるから、「宝性の分析」がその内容であると言ってよいであろう。

『宝性論』はまた副題として「マハーヤーナ・ウッタラタントラ」（Mahāyāna-

Uttaratantra）という題名をもっている。直訳すると「大乗の究竟（最上）のテキスト」ということで、これは『宝性論』の説く如来蔵思想が大乗仏教の中で究極・最上の教理であるという自負を示すものである。チベットの伝承では一般にこの題名の方が用いられ、そのため、サンスクリットの原典が発見、出版されるまでは、学界でも『ウッタラ・タントラ』とよびならわしていた（タントラといっても、密教の論典ではない）。なお、この自負については『宝性論』は「先に大乗の諸経典で一切法は空と説かれたが、この究竟論では、仏性有りと説くのだ」という風に表明している。如来蔵思想が、『般若経』等の空思想の其の後継者だというのである。如来蔵思想は空説を批判するとはいっても、空説に反対するのではなく、空説で見おとされがちな、真実・絶対の存在——如来、そして衆生のうちなる如来と同じ本性たる仏性・如来蔵——の価値を積極的に主張するところに歴史上の存在理由が見出される。

漢訳の題名『究竟一乗宝性論』は右の二つのこと、すなわち「宝性の分別」と「究竟論」の両方を表わすとともに、その宝性＝如来蔵がすべての衆生にあると説くことを強調して、「一乗」の語をつけ加えたものと思われる。一乗とは、言うまでもなく、『法華経』に説くように、すべての衆生を仏・如来の地位に導く一仏乗の意で、これは大乗の極意である。

四

サンスクリットのテキストによると、『宝性論』は「如来蔵章、二、菩提章、三、功徳章、四、仏業章、五、称讃（信功徳）章の五章より成る。このうち、第一章から第四章までの主題は、論が、「三宝建立の四種の依処《えしょ》」とよぶものに対応する。四種の依処とは、一、有垢真如《うくしんにょ》、二、無垢真如《むくしんにょ》、三、離垢《りく》の仏功徳、四、如来の所作業の四点で、それらが如来蔵・仏性に固有である点が不可思議であるとされる。そして、章題にみられるとおり、有垢真如とは如来蔵そのものをさし、それが三宝建立の直接の因であり、他の三つは、その建立を助ける縁であるともいわれる。第二章は菩提とよばれるごとく、さとり、したがって、さとりをひらいた状態ということで仏の仏たる所以のものをさし示し、第三章がその仏の具有する十力・四無畏《むい》・十八不共法《ふぐうほう》などの諸徳性、第四章が仏の無功用《むくゆう》・不断のはたらきを説くから、第二章以下は仏・如来の本質（実体）と属性と作用ということである。そのような属性と作用をもつ仏・如来が、如来蔵たる衆生をしてさとりをひらかせ、三宝を建立せしめる縁となるという意味である。

　ところで、第一の主題、如来蔵と第二の主題、菩提とは有垢真如・無垢真如とそれぞれよばれているように、有垢なる状態から無垢なる状態へと因果の関係を示すと同時に、共に「真如」として、同一の本質をもっているものと説かれる。真如とは真実ありのままのすがたということで縁起・空性を内容とするところの、仏教的絶対価値をあらわす名の一つである。仏はそのような絶対価値の体現者として如来とよばれる。（智慧によって真如に至りついて、それと一体となり、慈悲によって、真如の世界から衆生の世界にやって来る。）真如は縁起・空性という真理すなわち法そのものでもあるから、如来はまた、法を身体とするものという意味で法身である。法身とは真如を体とするものの謂《いい》でもある。

如来蔵思想の特色は、衆生もまた如来と同様、真如を体とするものであると主張したことにある。ただし、衆生においては、真如は純粋無垢の形ではあらわれず、煩悩というけがれを伴った状態であらわれる。すなわち「有垢真如」である。有垢といっても真如そのものが汚れることはない。たまたま、虚妄《こもう》・非実在なる客塵煩悩《かくじんぼんのう》が附着しているごとくみえるというだけである。しかし、この客塵煩悩が附着していることこそ衆生の如来蔵の特色であって、それが除去された時が菩提であり、無垢真如である。このように如来蔵と菩提、衆生と如来とは、一方で真如として同質でありつつ、他面、有垢なる因の状態から無垢なる果へという因→果の関係を示す。そして、同質なるが故に、有垢でまださとりをひらいていない一般衆生にも、如来と同じ徳性、如来と同じはたらきは潜在的に備わっているが、しかし、それらの徳性、仏業は如来となってはじめてその様相をあらわに示すのだと理解される。その意味で、菩提・仏功徳・仏業は如来蔵の本質を構成するものとして、如来蔵論としての『宝性論』の重要な要素と考えられているわけである。

ところで、このような徳性とはたらきを伴う如来の法身は、如来蔵が建立すべき目標とされる三宝と別のものではない。三宝は、『宝性論』では、前にも述べたように、第一章の中で序説的に説かれるが、決して単なる飾りものとして掲げられているのではない。『宝性論』は『勝鬘経』に依拠しつつ、仏法僧の三宝は究極において仏の一宝に帰すること、すなわち、三宝の実質は法と一体なる仏、つまり如来の法身にほかならないことを強調するから、有垢真如と無垢真如と同様の関係が、三宝建立の因たる如来蔵と、三宝との間に成立つことになる。すなわち、宝性と宝とは因果の関係にありつつ、本質的には同一、不変である。両者の相違は夾雑物が附着しているか、それが取除かれて清浄になったかという状態の差異にすぎないという、さきに見た宝山の譬喩が全面的に生かされていることが知られる。

以上の主題相互の関係を図示すると、次のようになる（左図）。

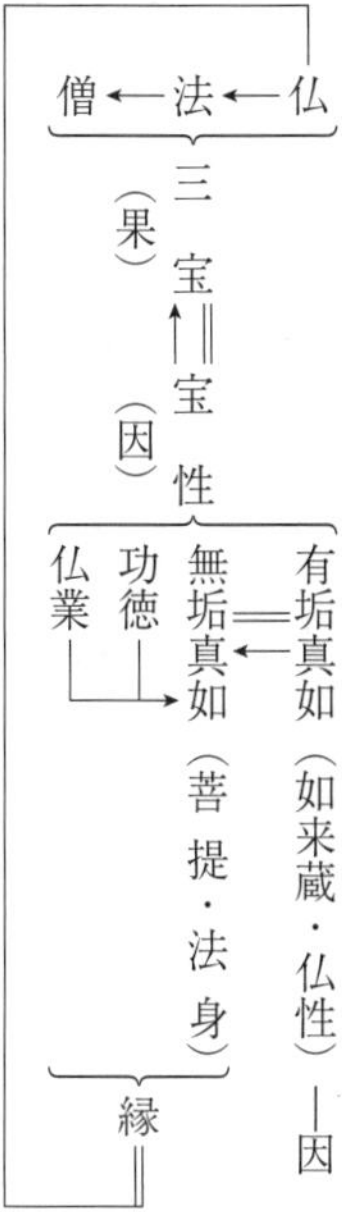

論はまた、この三宝と、宝性の四種の依処とを合せて、七種金剛句《こんごうく》とよび、それが論体を構成しているという見解をも示している。第五章は以上のような四

種の依処、もしくは、七種金剛句を主題とする本論に対する結びとして、このような構造をもつ如来蔵思想を信ずることの功徳が称讃されている。

五

以上が『宝性論』の構成の概略であるが、そのうちでは、何といっても三宝建立の因としての如来蔵・仏性の説明が主内容である（第一章だけで論全体の三分の二を占めており、冒頭の三宝論を除いても、ほぼ半分を占める）。そこで、余白を借りて、如来蔵論の内容をも少し詳しく考察してみよう。

漢訳の『宝性論』は、長い第一章を親切にも七品に細別している（従って全体は十一品より成る）。七品の名は教化品第一、仏宝品第二、法宝品第三、僧宝品第四、一切衆生有如来蔵品第五、無量煩悩所纏《しょてん》品第六、為何義説第七で、そのうち、第五品以下がここでいう如来蔵論の部分である。第五品は衆生が何故、如来蔵を有すると言われるかの根拠づけにはじまって、如来蔵の本質を十種の特色（十相）を通して考察する部分、第六品はさきに掲げた『如来蔵経』の九喩を手がかりとして、衆生が自性清浄心をもっていて如来と本質を同じくするが、状態としては客塵煩悩所染で如来とは異なるという、如来蔵の構造を解明し、そのような構造の解明を通じて、重ねて如来蔵の本質を論じる部分。そして、第七品は、このような如来蔵が何故に説かれたか、教説の目的を説く部分で、第一章の結論である。

さて、漢訳の第五品の冒頭に当たる箇所は、如来蔵論の総論として、何故、一切衆生が如来蔵有りと説かれたかの根拠づけを示す、次の詩頌をもってはじまる。

(1) 仏の智慧が衆生群の内に滲透しているから、
(2) その無垢なるものは本性上不二であるから、
(3) そして、仏の種姓(因)の中に、その果を予想するから、

一切の有身者(＝衆生)は内に仏を宿すもの(如来蔵を有する者)であると経説された。

この詩頌は、『如来蔵経』の第一喩、ひいては『華厳経』の「如来性起品」の有名な一微塵《みじん》に三千大千世界を含む譬喩に基づいて作頌されたもので、この入門のはじめに述べた如来蔵思想の基本線を示すものである。もう一度くりかえすと、衆生たちは煩悩にまとわれてはいるが、如来の眼からみると、その中に如来の智慧が滲透していて、如来の身と異ならない。ただ可哀そうに、衆生はそのことを知らないから、慈悲をもって如来は衆生を導き、その結果としてさとりをひらき、内なる仏を顕現せしめる、ということである。この詩頌の内容を『宝性論』は説明して、

(1) 如来の「法身」がすべてに遍満している義、
(2) 如来の「真如」が無差別である義、

(3) 如来の「種姓」(すなわち仏性)が存在する義、の三点にまとめ、この三点が「一切衆生は如来蔵を有す」と経説される根拠であると同時に、如来蔵・仏性の本質を構成する三つの要素(三種自性《じしょう》)であるとする。この三種自性ということは、それを九喩とむすびつけて、次の第六品の中で再説される。この如来蔵の本質を構成する「法身」「真如」「如来性(如来種姓)」という三点の相互の関係は、さきに見た四種の依処で言えば、有垢真如と無垢真如の名で表わされた関係と同じであることが一見して知られるであろう。すなわち「如来性」が有垢真如で因、「法身」が無垢真如で果、そして「真如」が両者に無差別なる本性ということである。しかし経説にさかのぼってさらに深く考えると、法身の遍在することこそが、衆生が如来蔵・仏性を有することの究極的な根拠とされていることが知られる。法身が遍在するというのは大智・大悲を有する如来の本質的な在り方、時間・空間にわたっての無限なはたらきを示すにほかならないから、如来こそが衆生をしてさとらしめる根元の力だということになる。すべてが究極において如来法身の一元に帰するというのが、実は如来蔵思想の特色で、それはまた、衆生はこの如来の絶対の力とはたらきを信ずる以外に如来蔵との自覚はもてないのだから、如来に帰依し、如来をこそ信じなければならないという「信の宗教」という性格を如来蔵思想に与えることになるのである。

漢訳でいう第五品の主内容をなすところの如来蔵の十相も、右の如来蔵の三種自性論、もしくは四種の依処の説で示されたような本質を敷衍《ふえん》して解説するものと言ってよい。十相は略述すると次のとおりである。

㈠如来蔵はその「自性」が常に清浄であること、宝珠・虚空・水の如くである。

㈡如来蔵は大乗の教えに対する信解《しんげ》と、般若と三昧《さんまい》と大悲の実践を「因」としている。

㈢如来蔵は右の四因に基づいて、「果」として浄楽我常《じょうらくがじょう》の四波羅蜜《はらみつ》（四徳）を実現する。

㈣この因より果に至る実践は換言すれば、苦を厭《いと》い、涅槃を求めることで、それが如来蔵に固有の「業《ごう》」（はたらき）である。

㈤如来蔵は大海が水と宝の容器であるごとく、根元的に（因として）如来法身と同じく智慧と大悲と「相応」し、また、燈火に光明と熱と色彩とが相伴うごとく、さとりをひらく結果として、神通力と智と離垢《りく》の諸徳性が必然的に「相応」する。（相応とは結びつき、相伴うの意で、徳性の本質的結合、本体との不可分の関係をいう。）

㈥如来蔵は凡夫・聖人・正覚者という三種の様態で「顕現」（起行、はたらきを示す）する。

㈦右の三種の顕現はそれぞれ、不清浄（一般の衆生）・不浄にして浄（菩薩）・完全清浄（如来）という階位の相違（「位差別」）を示すが、

㈧その三位を通じて、如来と同じ本性たる心の清浄性が「遍在」すること、虚空が万物に遍満するごとくである。

(九)そして、不清浄なる衆生における自性清浄心は、大悲として不浄の世間にあってはたらく菩薩の智、そして完全清浄なる如来の智となっても「不変」であり、常住不滅である。

(一〇)このように如来蔵は本質的に、法身・如来・聖諦・涅槃と同一、「無差別」である。

六

第六品に相当する部分の内容はもはや紹介する余裕がないので割愛し、最後に「教説の目的」を説く第七品を紹介しておこう。

『宝性論』の目的は「五種の過失を除き、五種の功徳を生むため」といわれる。すなわち、

(1)自分はさとれないとひるむ心に対し、如来蔵ありと言って大勇猛心を起こさせ、(2)発心して、まだ発心していない者をあなどる心に対しては、すべての衆生に如来蔵があると説いて、衆生のすべてに大師としての敬意を抱かしめ、(3)虚構のものを実在として執着する心に対し、般若の知によって、煩悩の空なることを説いて過失を除き、(4)真実の法をも無として誹謗するものに対して、如来の後得の智によって、不空なる如来の徳性ありと明かし、(5)強い我執に対し、慈愛にもとづいて自他を平等に愛せしめ、よって仏の位にすすませる。

と説いている。如来蔵・仏性の自覚とは、如来としての自己の実現にほかならず、それは自他平等観に立つ衆生救済の行——菩薩行——となってあらわれるが、それもまた究極においては、如来法身のはたらきで、いかなる衆生も如来法身の外に出ないこと、どんな物体も虚空《こくう》（空間）の外にありえないごとくである。

七

『宝性論』の作者は七世紀末に中国に知られた伝承では堅慧《けんね》（サーラマティ）とされ、十一世紀に伝訳されて以来のチベットの伝承では詩頌の部分を弥勒《みろく》がつくり、無著《むじゃく》が註釈を書いたという。今日の学界の状況では何れが正しいとも結論は出せないが、おそくも五世紀中に、つまり、世親と同時代に、何びとか喩伽行《ゆがぎょう》派に属する論師によって造られたものであることは間違いない。

Ⅲ

如来蔵思想と密教

一

如来蔵思想と密教、本日の論題のこれらの言葉を皆それぞれ解ったように使うのですが、一応言葉を使う以上は、定義をし、あるいは範囲を決めなければならないだろうと思います。ただそういうことに関しては話の間で出すことにいたしまして、一応漠然と考えている所から、お話をしていきます。

初めは、およそ非常識なことですが、私の経験したことからお話をしていこうと思います。先ほどご紹介いただきましたように、私はインドに留学をいたしました。昭和二十九年のことです。その頃は、インドに留学するからには、インド思想をまっとうに勉強しようと思いまして、ヴェーダーンタの研究をするつもりで出かけたのです。たまたまその前年の二十八年に、宇井伯寿先生の所に伺いましたところ、『宝性論《ほうしょうろん》』のサンスクリットのテキストを手元にお持ちでして、——如来蔵に関する研究は、前から私自身の中で課題になっておりまして、ぼつぼつ始めており、至らぬ発表などもいたしておりました——テキストが出たということは聞いてはおりましたが、現物を見るのは初めてでした。そこで、インドへ行ったら早速にそれを手に入れて、ついでに勉強しよう、という気を興したわけです。

さて、この『宝性論』のタイトルをサンスクリットでは、「ラトナゴートラヴィバーガ(Ratnagotravibhāga)」と申しますが、別の題名を「ウッタラ・タントラ(Uttara-tantra)」とも申します。サンスクリットのテキストが出るまでは、この「ウッタラ・タントラ」という名前の方が有名でした。と申しますのは、チベット訳がこの「ウッタラ・タントラ」の方を正式の題名として用い、「ギュ・ラ・マ(rgyud bla ma)」と訳しており、またこのことが、オーバーミラー(E. Obermiller)という学者の英訳を通じて、既に世界に知られていたからであります。私もその英訳を読んでおりましたので、「ウッタラ・タントラ」という名前を存じておりました。このように、『宝性論』を一般に「ウッタラ・タントラ」と呼ぶものですから、インドに行きました時に——インドではゴーカレー先生のところで習っておりましたが——、プーナ大学の偉い先生に、お前は何を研究するんだ、と言われまして、ゴーカレー先生のところで「ウッタラ・タントラ」を読んでいただいている、と申しました。すると、「ウッタラ・タントラ」、それは密教のテキストか、こういうふうに言われました。私はこの「ウッタラ・タントラ」という名前からすぐに密教を思い出さないで、「ウッタラ・タントラ」ならば『宝性論』、『宝性論』ならば如来蔵思想、と、これのみを知っておりまして、密教との関連ということは全然考えなかったのです。後になって、「ウッタラ・タントラ」と申しますと、チベットの翻訳の中に、いくつかのテキストにそういう名前がついており、それらが密教の重要なテキストである、ということが判りました。タントラという言葉は、密教を一般にタントリズムとも呼んだりしておりますので、確かにその言葉を聞けば密教を連想する方が常識的なのかもしれません。私はその時はそのように考えないで、この先生は何も知らないのだな、などと思ったりしたものです。

そして後から、なぜ如来蔵思想を説く『宝性論』が、「ウッタラ・タントラ」と呼ばれているのか、また、そこにおけるタントラという言葉の意味は何か、というような事を考えてみたのですが、テキストに依って見ている限りでは、それが直接密教とつながるわけでもありませんので、その点はそのまま放っておいたわけです。今回お話を頼まれましたところで、もう一度その辺から確実なところを捜して見ようと考えた次第です。

『宝性論』では、この「ウッタラ・タントラ」という言葉は一つの偈の中に出てまいります。『宝性論』は、サンスクリットのテキストで申しますと、全部が五章に分かれておりまして、その第一章が如来蔵章と言われていて、全体の約三分の二近い部分を占めております。この章の最後のところに、如来蔵・仏性の主旨を説くその理由を述べる一節があります。そこは漢訳では「為何義説品」となっております。サンスクリットのテキストのその部分の見出しに「デーシャナープラヨージャナ」(deśanāprayojana)とあり、これは教説の目的という意味であります。『宝性論』はカーリカーと呼ばれる偈文をその構成の基本としておりますが、それを更に別の偈文で説明しております。これを仮に註釈偈と呼んでおきますが、そこに次のような偈が出ております。

pūrvaṃ evaṃ vyavasthāpya, tantre punar ihôttare/
Pañcadoṣaprahāṇāya dhātvastitvaṃ prakāśitam // (I, 160)

この第二句に「タントレー・ブナル・イハ・ウッタレー」、すなわち、「ここなるウッタラ・タントラにおいて」「ウッタラなるタントラにおいて」と、このように形容詞として使われている「ウッタラ」なる言葉が出てまいります。これがこのテキスト『宝性論』が「ウッタラ・タントラ」と呼ばれている根拠であります。この「ウッタラ・タントラ」を漢訳では「究竟論《くぎょうろん》」と訳しております。つまり「タントラ」を「論」とし、単なるテキストという意味に訳しているのであります。また「ウッタラ」は「究竟なるもの」という意味に訳され『究竟一乗宝性論』なる題名の一部に現われております。

このサンスクリットの言葉使いを、教理的背景を考えずに、文献の問題だけのものとして解釈いたしますと、その前の本偈にあたるところで、「さきに(プールヴァム pūrvaṃ)あちこちに、一切が空である(シューニヤム・サルヴァム śūnyaṃ sarvam)と説かれた。

それに対して、今ここで（つまり、このウッタラなるタントラにおいて）、「仏性有り」（ブッダートゥル・アスティ buddhadhātur asti）と説かれる、その理由は何か、ということが問題となっております（v. I, 156）。内容的には「シューニヤ」ということと「アスティ」ということが言葉の上で対比されているのであります。またプールヴァに対するウッタラの関係は、提起された問題に対する解答というそれであり、そういう関係から見て、この『宝性論』は『般若経』などで説かれたことに対する解答を意味するのではないかと思われます。すなわち、プールヴァとの対比において、如来蔵思想が「ウッタラ」（究竟なるもの）ということです。

もう一つ言葉の問題として対比が考えられていたのではないかと思われます。それはスートラに比してのタントラということであります。『宝性論』以前に、さまざまなスートラにおいて「一切法は空である」と説かれていた。そのスートラに対して、「ここなるウッタラ・タントラにおいて」という使い方をしたのではないか。スートラは縦糸、タントラは横糸でありますから、互いに補い合って一枚の布を織る、というような意味での対比も考えていたのではないかと思われます。

次に、タントラという言葉が、『宝性論』以前に仏典の中で使われた例があるか、ということを少し検討してみました。『宝性論』の典拠として使われたのではないかと思われる例が、大乗の『大般涅槃経』のチベット訳の十三巻本の中にあります。『涅槃経』のチベット訳には二種類ありまして、一つは曇無《どんむ》讖《しん》の四十巻本からの重訳、つまり中国語からチベット訳したもの、もう一つは十三巻本で、これはインドのものを直接チベット訳したものであります。この十三巻本は内容的に言いますと、曇無讖訳の最初の十巻分に相当いたします。従って法顕《ほっけん》訳の『泥洹経《ないおんきょう》』六巻と同じ範囲が扱われているのであります。私は、明らかにインド製と確められ、由来の間違いないのは十三巻本相当の部分であろうと考えております。この十三巻本の奥書きの所に「大般涅槃大経、一切の教説の精要たる正法」とあり、これをサンスクリットに還元してみると、「サッダルマハ・サルヴァプラヴァチャナサーラブータハ (saddharmaḥ sarvapravacanasārabhūtaḥ)」というようなことになろうかと思いますが——その次に「究竟論の如く」(ギュ・チ・マ・タブ (rgyud phyi ma lta bu)) という言葉が出てまいります。ここでは「究竟論の如く難解な法蔵」であるとか、「一向に如来蔵を説示する経」というように経を定義しております。

さて、この「ギュ・チ・マ」と『宝性論』の「ギュ・ラ・マ」が原語が同じであるかどうか。『涅槃経』に梵本がありませんので、残念ながら確実なことは言えないのであります。また、本文中にも「ギュ・チ・メ・ヤン・チ・マ (rgyud phyi maḥi yaṅ phyi ma)」などの言葉が、しばしば出てまいりまして、経自体を「究竟のまた究竟なるタントラ」というふうに性格づけております。

ところでこの「ギュ・チ・マ」が何を指しているかについては、仏典の中だけではあまり辿りようがないのです。そこでそこに「如く」と出てまいりますので、一応「如く」とあるからには何かを例にとっているのであろうと推定いたしまして検討してみたところ、医薬の典籍がみつかりました。仏典において、如来を大医王に喩えたりすることもありますので、医薬のテキストを比喩に使うことは、じきに考えられることであります。果して「アーユル・ヴェーダ」（インド伝統医学）の中に「ウッタラ・タントラ」という言葉があることが判明しました。このことはベートリンクのサンスクリット辞典の中にこの用語の典拠として、『スシュルタ・サンヒター』の中にそういう使い方がある、ということが出ていたので気づいたわけであります。この『スシュルタ・サンヒター』は大地原誠玄という方が和訳され、昭和四十六年に出版されたものがありまして、それを読んでおりましたら、この言葉にぶつかったのです。

そこでは八種類のウパーンガ（部門）のいちいちのことをタントラと呼んでおります。――全部にタントラという言葉がついているわけではありませんが――。たとえば第一番目は一般外科学（大地原誠玄訳）（シャルヤ・タントラ Śalya-tantra）、強精学（ヴァージーカラナ・タントラ Vājikaraṇa-tantra）の如くであります。このタントラは典籍という意味での使い方であります。この『スシュルタ・サンヒター』は五篇、百二十章に分かれて構成されていますが、その本文が終わった後に、「ウッタラ・タントラ」なる文が出てくるのであります。テキストが一度説かれた後に出てくるところでありますので、大地原さんは「補遺」と訳しております。また、ある場所では「結尾篇」とも書かれておりますので、この部分は補遺であると同時に全体の結びにもなっている、と言えるのではないかと思います。

また、ここには次のような説明もあります。「この結尾篇を諸の大仙が、ウッタラ・タントラと名づける所以は、その諸説が本書の全篇に説かれている多くの主題・意義（タントラに対する訳語）を全部包摂しており、しかも他のものより秀れている。そして全体の最後に位《くらい》しているからである」、と。ここでは単に後《うしろ》にあるというだけではなく、秀れたものである、つまり説くべくして説かれなかったことを説いているのだ、とはっきり言っております。

またここの最後のところに、

「六十六章によりて、語句の秩序正しく編成せられ、福祉をもたらし、浅薄な認識の所有者に対して密義を闡明ならしむる知識を与うる所の、このウッタラ・タントラは、汝の問いに応じて適正に是の如く叙述せられたり。梵天の〔口ずから出る〕一切のウッタラ・タントラと共に、このウッタラ・タントラを既述の制規に従って、彼は約束された意欲の対象を失わず、〔即ちこれを獲得す〕（という）この梵天の語は全く真実なり。」

と述べられています。ここには「密義を闡明ならしむる」というような解釈も出てまいりますので、『涅槃経』の叙述者に、「アーユル・ヴェーダ」の知識があって、それまでに説かれた大乗経典の密義を説明するものがこの『涅槃経』である、というような意識があったのではないかと思うのであります。さらに『涅槃経』は、「ウッタラ・タントラ」――多分『涅槃経』の場合も「ギュ・チ・マ」は「ウッタラ・タントラ」でいいと思いますが、あるいは「ウッタマ」であるかも知れませんが――の如くであるという時に、同時に自らを「如来微密の蔵」その他さまざまな言い方で説明しております。それは如来蔵思想を指している場合もありますし、経自体を指していることもあるのです。また曇無識訳にも「微密の蔵」等の言葉が出てまいります。ですから『涅槃経』の作者は、秘密を解く、またその解答として「如来蔵有り」ということを説くという意図を持っていたのではないかと思うのです。それを受けて『宝性論』が「ウッタラ・タントラ」なる言葉を使ったのであろうと推定しているのであります。『涅槃経』における「ウッタラ・タントラ」なる言葉の使い方が、以上の如くならば、それは「アーユル・ヴェーダ」から来たものであろうと考えられます。しかしこのことが直ちに密教と繋がるということはないかも知れません。ただ、このタントラというような言葉で、私の頭の中で、密教と、このテキストの結びつきがありげに見えて来たのです。なお、密教がタントラと呼ばれる由来に関しては、ヒンドゥー教の密教、シヴァ派のシャークタ(性力派)というようなところから、最初にタントラ文献というものが出て来て、その名前が後に仏教の方の密教のテキストにも使われるようになったのではなかろうかと推測いたしておりますが、詳しいことは知りません。

二

さて『宝性論』の中には、このタントラという言葉の他にいくつか密教と関係がありそうな言葉が出てまいります。今日文化人類学などで、その言葉を見るとある主題をすぐに想像するような言葉、すなわち「キーワード」ということを言い始めておりますが、密教におけるこのキーワードというのは何か、ということを考えました時に、タントラの他に、「秘密」、「真言」「陀羅尼」「金剛」「曼荼羅」「三密」「加持」など、いろいろ浮んでまいります。さらに如来蔵思想との関係で言いますと、胎蔵界の「胎蔵」という言葉が非常に密接な関係がありそうにも思われます。そこで、以下、テキストの順を追ってその種の用語を検討してみたいと存じます。

『宝性論』の梵本の最初に、「オーン、ナマハ、シュリーヴァジュラサットヴァーヤ(Oṃ namaḥ śrīvajrasattvāya.)」(金剛薩埵《こんごうさった》に帰命する)という文があります。しかしこれは漢訳にもチベット訳にもございませんし、テキストの諸篇の中にもこの「ヴァジュラサットヴァ」は出てまいりませんので、これは現在残されている梵本の写本の筆者が密教者で、自らの帰敬《ききょう》の意を託したのではないかと思われます。

『宝性論』の全体の枠組(シャーストラ・シャリーラ śāstraśarīra 論体)は「七種の金

剛句」（vajrapadāni sapta）と呼ばれております。この「七種の金剛句」の註釈に「不可言説の自内証の義は聞思《もんし》修《しゅ》の智がつらぬきにくい（duṣpratibheda）から金剛の如しと知るべきである。」という言葉が出てまいります。すなわちここでは、自内証の智が知り難いものであり、それを金剛と表現しているのであります。金剛界の金剛智というのもこれと同じ性格づけではないかと思われます。しかし金剛という言葉が直ちに密教と繋がるとは言えないのでありまして、たとえば『金剛般若経』というのもありますし、『中辺分別《ちゅうへんふんべつ》論《ろん》』にも「ヴァジュラパダ（金剛句）」と言う言葉が使われており、主題となる中味を指していますので、ここでの使い方も一般的なものであろうと思われます。

『宝性論』では、この「七種金剛句」は『陀羅尼自在王経』（Dhāraṇīśvararājasūtra）から採り上げて来たと書いてあります。この経は『大集経《だいじっきょう》』の瓔珞品《ようらくほん》と陀羅尼自在王品にあたり、漢訳では別に『大哀経』（マハーカルナーニルデーシャ Mahākaruṇānirdeśa）（竺法護《じくほうご》訳）があり、同じ内容であります。対告衆《たいごうしゅ》たる陀羅尼自在王菩薩の質問に答えて世尊が法を説くという形になっておりますので『所問経』（ダーラニーイーシュヴァララージャ・パリプリッチャー Dhāraṇīśvararājaparicpṛcchā）とも呼ばれております。この経は『宝性論』に依ると、諸菩薩の徳性と如来たちの徳性の差別を説くもの、ということになっております。菩薩の徳性に関しては、前半に、種々の瓔珞荘厳《ようらくしょうごん》、八種の光明、十六種の大悲、三十二の菩薩業などを述べておりますが、その中の種々の瓔珞荘厳の中に、戒定慧《かいじょうえ》の三学と並んで陀羅尼というのが出てまいります。如来の徳性については、菩提すなわち大悲としての十六相、その後に、十力・四無畏《むい》・十八不共仏法《ふぐうぶっぽう》等合わせて三十二の如来の業を述べております。これが主要部分でありますが、その後に、陀羅尼法門として八種の菩薩の陀羅尼が説かれております。ここでは先程の陀羅尼を説く所とは違い、陀羅尼の意義を説いているのであります。八種の陀羅尼とは、清浄音陀羅尼、無尽宝篋陀羅尼、無辺輪陀羅尼、海印陀羅尼、蓮華荘厳陀羅尼、入無礙門陀羅尼、入無罣礙決定陀羅尼、仏荘厳加持陀羅尼、であります。この八種の陀羅尼は菩薩の口業であり、菩薩はこの陀羅尼を能くし、そして弁才に巧みである、と書かれております。これは諸大乗仏典における「能く法を憶持し、これを保ち、それが直ちに言葉となって出れば弁才の力となる」、という使い方と同じ意味の陀羅尼であって、この経にはいわゆる陀羅尼、すなわち「ヴィディヤー・マントラ vidyāmantra」は一つも出て来ないのであります。また、字門陀羅尼というのが出てまいります。これも『涅槃経』などにも五十音図のもとになったようなものも出てまいりますから、大乗経典にはたくさん出てくるものであります。ただこういう陀羅尼というようなものが密教につながっていく一つの要素であると言われ、どの本にもそう書いてあるのであります。しかしこの経の中には、今言った以上の意味での陀羅尼は出てこないようであります。ただ私はこの八種の陀羅尼を説く部分の内容について、十分検討を加えておりませんので、ここの検討次第によっては更により密教的なものに近づくものが出て来るかも知れません。

ところでこの経は『大哀経』（マハーカルナーニルデーシャ）と言われるように、如来の慈悲の働きというものを、その主題としているのであります。そこがこの経が如来蔵という言葉を全く使っていないにもかかわらず、『宝性論』が非常に大事にし、自らの所説の枠組をそこに求めた所以であろうと思うのであります。私はこの如来の働きという点で、如来蔵思想と密教との一番基本的なつながりがあるのではないかと考えるのであります。

この後、第一章の最後に、この『宝性論』が「ウッタラ・タントラ」と呼ばれているところがあるのですが、散文の説明が全くありませんので、それ以上にテキストのこの言葉を使った真意は計りかねます。ただ先ほど申しましたように、この言葉は、『涅槃経』からの借用であろうし、また『涅槃経』はアーユル・ヴェーダに基づいているのであろうということは推定されます。

第四章のタイトルに「タターガタクリトヤクリヤー Tathāgatakṛtyakriyā」（如来所作の業）とありますが、この部分は、『智光明荘厳経』（Jñānālokālaṅkārasūtra）の所説をそのまま利用して、九喩を以て如来の働きを表わしております。九喩は、帝釈影像、天鼓声、大雲、梵天、太陽、如意珠、響、虚空、地、であります。この九喩の説明が終わった後で、この内の六番目から八番目までの比喩の意味するところを、「マノー・ヴァーク・カーヤ・グヒヤーニ mano-vāk-kāya-guhyāni」（意・語・身密）と説明しております（v. IV.

81)。すなわち如来の意密は如意珠《にょいじゅ》（チンターマニ）、語密は響（プラティシュルトゥカ）、身密は虚空（アーカーシャ）の比喩を以て説明しているのであります。これはまさに如来の三密を言っておるのでありますが、この部分も散文の説明がございませんので、如何なる意図に基づいてこのようなことを言ったのかということについては、これ以上には知り得ないのであります。また、この比喩の順番が、『宝性論』と、それが依用いたしました『智光明荘厳経』とでは違っております。『智光明荘厳経』では八番目は大地の喩で、九番目が虚空の喩になっております。これが『宝性論』では逆になっているのであります。『宝性論』では比喩の順序次第について、偈文で、前の比喩とその比喩していたものとの違うところを次の比喩によって取り除く、と説明されています（v. IV. 92）。これは私たちにはうまく納得がいかないようなところもありますが、たとえば、仏陀の本性は帝釈天の影像《ようぞう》の如くである、しかし帝釈天の影像は言葉を持っていない、故に天鼓の喩を次に説くと、この如くであります。そして八番目に虚空の如くであると言いながら、虚空は清浄なるものの所依ではないと言う。そして最後に土台としての地界（プリティヴィーダーツ pṛthivīdhātu）を持ってくる。何故ならこれが全てのアースパダ āpada（依処）であるから、とこのようなことを言っています。故にこの順序の違いは、『宝性論』が自分の理論に片寄せて経を若干曲げたものだろうと思います。また同時にその結果としてたまたま三業となったのか、それとも最初からそう意識してそうしたのか、説明をしておりませんので解らないのでありますが、ここに身口意の三密がまとまっているということは、一つの問題にすべき点であろうと思うのであります。

そこで如来の三密というような事が、いつ頃から言われていたのか、という問題が出てまいりますが、如来蔵系の経典――如来蔵系の経典とは、広い意では『宝性論』に引用されたものと、それに加えて如来蔵思想の糧となった『華厳経』性起品などであり、狭い意味では「タターガタガルバ」という言葉を使った『如来蔵経』以後のもの、――には三密という言葉は見あたらないのです。しかし『華厳経』性起品――これにはサンスクリットのテキストがありませんが――にはひょっとするとあるのかも知れません。何故なら『華厳経』は内容的に、後の密教と非常に密接な関係がありますので、当然予想されることなのです。

こういうことで、『宝性論』が三密という言葉を直接どこからもって来たか、ということは知りかねておる次第です。

ところで三密ということに関わり、そして如来蔵思想を説きながら、『宝性論』には引用されていない重要な経典に、『楞伽《りょうが》経《きょう》』がございます。この『楞伽経』が明らかに知っていたと思われる経典に、『大宝積経《だいほうしゃくきょう》』第三会の「密迹金剛力士会」があり、これが三密を主題としているのであります。このあたりの知識が、『宝性論』に伝わっていたとしてもおかしくはなかろうと思います。また「密迹金剛力士会」は竺法護《じくほうご》の訳もありますので、成立年代も古く、三世紀までには成立していたものと思われるのであります。しかし、直接『宝性論』とのつながりもありませんし、これが特に如来蔵思想を説いているということもありませんので、一応『宝性論』との結びつきとしての系譜は保留しなければならないと思うのであります。

以上の外に、密教の教えとして大事なものに「菩提心」があります。この「菩提心」に関しては、『宝性論』を作ったのと同じ作者と中国では伝えております堅慧《けんね》の『大乗法界無差別論』があります。これは如来蔵論ですが、そこで主題となる言葉は菩提心なのであります。このあたりに、如来蔵思想というものが集中していく傾向というものが考えられるのであります。『宝性論』にも菩提心ということは、あちこちに出てまいりますが、これらは一般的に、無上菩提に向かって心を起こすといういわゆる発菩提心《ほつぼだいしん》という使い方であります。「ボーディチッタ」という言葉も一箇所、術語として出てまいりますが（v. V. 10）、この言葉はたしか『華厳経』のどこかに出て来たはずでございまして、歴史的に古いものでありますので、とり立てて言う程のこともないと思います。『宝性論』から拾い出されます密教と関係のありそうなことと申しますと、以上の程度のことであろうと思うのであります。

三

次に、もう少し広く、如来蔵思想一般の中で、密教とのつながりを考えてみたいと思います。これからはあまり具体的な材料の持ちあわせがないので、かなり憶測を交えたお話になろうかと思うのであります。

先ほど申しましたように、如来蔵思想は、如来の立場から、如来蔵とか一切衆生悉有仏性とか申しますので、これは衆生にはわからないことなのであります。わかればそれは仏なのであります。すなわち、これをわかるということが悟るということになるわけです。この如来の立場から経を説くという構造は『大日経』などのそれとよく似ているのではないかと思います。

一般的に申しまして、大乗経典の中には、如来の立場から説かれた経と菩薩の立場から説かれた経の二種類がございます。これを仮りに如来教（あるいは如来経）と菩薩教（あるいは菩薩経）とこう呼んでおきます。菩薩教は如何に修行して仏になるかが説かれるものので、『十地経』等がそれに当るかと、思われます。如来蔵思想は、どちらかと申しますと、もう一方の如来教の方に属します。浄土教の関係、『法華経』、『涅槃経』なども、こちらに入るものであると思います。如来教においては、修行のプロセスというものよりも、如来の偉大性、如来の智慧、如来の慈悲というものが非常に強調して説かれております。

そしてこれに対応する道としては、恐らく究極的には「信」、「信仰」となるであろうと思われます。菩薩教の行の立場に対して如来教は信の立場、ということになります。しかし、これらはどちらに重点が置かれているか、ということであって、仏教全体から見れば、向上的なものと向下的なものとの両面を、どの仏教教理でも必ず備えていなければならないのは当然のことであります。

初期の仏教教団において主流となっていたのは、悟りの仏教でありますから、行的、出家的立場であろうと思います。また、インド仏教全体の流れとして、主流となっているのは、やはり――私たちが文献で知る範囲ではありますが――菩薩教、行の立場であります。それに対して、信の仏教というものは、理論的な面で言いますと、やや脇に置かれている、と言えます。しかし出家の仏教、行の仏教がややもすると独善的になり、インド社会から遊離していくのに対し、それをもう一度社会にひき戻す――そういう働きを常に果しているものとして、信の仏教とか在家の仏教というものがあったのではないかと思います。大乗仏教の興起の姿がどのようなものであったか、ということに関してもさまざまに推定されておりますが、今日一番有力な説は、仏塔を中心とする在家の教団が――出家の修行者たちの働きは強くあったと思われますが――少なくとも最初は運動の核になった、初期のエネルギーは出家以外のところから来た、というものであります。そして大乗が次第に理論化し、菩薩教的になってくると、また新しい型で在家的なものからエネルギーを吸収し、それを注入していく、このようにして仏教は展開し、その中で、大乗に次ぐ第二の新しい動きとして密教は位置づけられるのではないか、というふうに私は大まかな筋を考えているのであります。

如来蔵思想も大乗仏教第二期のものと言われております。少なくとも龍樹の思想などには形をとって出て来ていないのであります。『涅槃経』『宝性論』などは、自らを「ウッタラ・タントラ」と規定している。『宝性論』によるとこの「ウッタラ」という言葉の意味は、初期大乗仏教すなわち『般若経』などを中心とする教理に対する「ウッタラ」ということでありますから、ここには、前に説かれていなかったものを新しい形で説こうとするエネルギーがあるのではないかと思うのであります。初期大乗、如来蔵思想、密教と、そういうものが起こした時、そういうエネルギーが、一連のものとして、それらの背景にあったのではないかと思われます。それらの背景どうしのつながりについてはわかりませんが、その背景から新しいエネルギーの入って来る、その来方が、ある時「マハーヤーナ」と呼ばれ、また「ウッタラ・タントラ」という言葉を使い、またある時は「密教」と呼ばれるようになった、とこういうふうに考えられるのではないかと思うのであります。

では、こういう新しいエネルギーはどこから出てくるかと申しますと、それはインドの土壌、すなわちヒンドゥイズムの土壌からではないかと思うのであります。一般に言われておりますように、原始仏教の段階ではいわば無神論的傾向があり、ヒンドゥーの神々に対する崇敬は失ってはおりませんが、それが直接経典の中に入って来てはおりません。ところが、大乗になりますと、多くのヒンドゥーの神々が、形を変えて入って来て、仏陀に対する見方そのものがいわば有神論的になってくるようであります。——こういう傾向については、漠然としか言えないのでありますが——時を同じうして、今日私たちが言うヒンドゥー教が形を成しつつあった。たとえば、『バガヴァッド・ギーター』などの製作が、紀元前二世紀頃から紀元後にかけてであると言われ、また『マハバーラタ』の全体も今日の形ができたのは、紀元後二世紀頃であろうと言われる。そしてこれは、仏陀の後の時代で、仏陀の時代とは違った、その頃始まり出した傾向というものが、ヒンドゥー教という形で、ヴェーダの祭式主義に取って代っていく、という時代でありました。それが大乗仏教の興起に大きな影響を及ぼしていた、と考えられるのであります。

これに対して密教の場合、今日『大日経』の成立を以て初めて密教の独立した時期である、と言われておりますので、そのように考えますと、七世紀半ばの『大日経』、七世紀終わりの『金剛頂経』と、この間に非常に大きな勢力がにわかに盛り上って、密教経典がぞくぞく出てくる。その時を同じうして、シヴァ派の中のシャクティズムの方から、タントラ文献が現われて来まして、これがヒンドゥー教における密教を形づくっていくのであります。ヒンドゥー教自体が密教的であると言えば言えるのでありますが、特にそういう一つの傾向が、その時期に強くなって来ているのではないかと思われるのであります。

次にヒンドゥー教と如来蔵思想との関係について少し考えてみたいと思います。これについては、経典自体ではよく摑めない点がありますが、理論的には、『涅槃経』の言葉使いなどを見ますと、それまでほとんどタブー視されて来たアートマンという言葉を、如来に対して使おうとしているところがあります。

『涅槃経』では、如来とか如来法身《ほっしん》というものを涅槃と全く同じものと考え、その特性を、常楽我浄《じょうらくがじょう》の四波羅蜜《はらみつ》としておりますが、その中の我波羅蜜に対して「マハートマン（大我）」という言葉を使っているのであります。『宝性論』でもこの言葉は、問題になるものとして使っております。教理的には、これは無我なることが我であり、本性であるが故に、如来が「我《が》」の究極なるものである、という説明がなされております。このような「我」という言葉を使ってくる背景には、ヒンドゥー的なものを拒否しないで、むしろそれをとり入れてしまおうとする傾向が感じられ、またこのことはヒンドゥー的なものが、インド全体で強くなって来て、それが仏教に与えた影響の現われではないかとも思われるのであります。

如来蔵思想というものには非常に危険なところがありまして、教理的基本は空性であるということを欠いて説明を誤りますと、如来蔵と法身の関係がヴェーダーンタのアートマンとブラフマンの関係と同じようになってしまう。このことは『楞伽経』でも『勝鬘経』でも非常に気にしているところであります。もしインド的一元論という言葉で両者を括ることができるとすれば、如来蔵思想はヴェーダーンタの哲学と同じ構造を持っていると言えることになります。これは密教にも言えるのではないかと思います。以上のように、ヒンドゥイズムというものは、大まかに言って、仏教の栄養源となっているのではないかと思われるのであります。初期大乗においては、ヴィシュヌ主義がそれであろうと思います

また、如来蔵思想が多用いたします比喩にも、インドの土壌に根ざしたものがあろうかと思うのであります。たとえば、「タターガタガルバ」(tathāgatargarbha 如来蔵)と言う時の「ガルバ」(胎)であります。出家の仏教、特に原始仏教では、教理を表わすのに、胎とか、母の腹という意味の言葉は、全くとは言えませんが、あまり使わなかったのではないかと思います。また「ガルパ」という観念から連想されるものが、「ものを生み出すこと」ということであれば、そのものを遡りますと「ヒラヌヤガルバ」(金胎)ということになると思います。このインド的観念としての「ガルバ」というものが如来蔵思想の説明に強く生きているのであります。

もう一つ、如来蔵と同じ意味を表わす言葉に「ゴートラ」(gotra)というのがあります。これは家柄・氏《うじ》・素姓という意味であり、明らかにインド的な観念であります。仏教がこういう観念を持っていないというわけではありませんが、原始仏教の段階では、むしろこういう世俗的な「ゴートラ」を捨てる、という意味で使われております。すなわち、家柄ではなくカルマン(行為)によってバラモンたり得る、というような言い方をしているの

であります。ところが大乗仏教になりますと、この「ゴートラ」が比喩的に使われて来て、『華厳経』あたりで、これを「如来の家」というような意味で、しきりに使ってまいります。そしてその家柄は如来の子供たちがずっと継いでいく、すなわち仏種の不断と、こういうような使い方が出てまいります。またこの「家柄」という言葉を、悟《さと》るための道という意味に使うようになると、いわゆる菩薩教で説く「三乗五性各別」ということになるわけであります。初期の大乗仏典にこの観念が導入された時は、それは「如来の一家」という意味であり、そして菩薩が如来の子、仏子としてその後を継いでいく、という意識が強かったのではないかと思います。ところが『宝性論』では、この「ゴートラ」という観念を、如来の教えを受ける全てが一家であり、如来になり得る、という意味に使ったのであります。これが如来蔵思想なのであります。ですからここでは「ゴートラ」は一乗という意味で使われているわけであります。これは如来の立場からの観念であります。

この「ゴートラ」という観念は、如来の立場と菩薩の立場の両方に使われるのであります。菩薩つまり修行者の立場からは、「ゴートラ」は、別々であり、悟れる者もあり、また悟れない者もある、という意味を持って来るのであります。いわば「両刃の剣」なのであります。この「両刃の剣」たる「ゴートラ」という観念が、『宝性論』において、非常に大きな意味を持っているのであります。ここには明らかにインド的観念が入っているのであります。

また、如来蔵思想まででは、陰陽の原理、男性と女性の原理という観念は、それほど表面に出てまいりません。『般若経』には早くから、般若《はんにゃ》が仏母《ぶつも》である、と言われておりますが、しかしこれは後の「バガヴァティー・プラジュニャーパーラミター」につながっていくものであります。故に、これらと先ほどの「ガルバ」という観念が、ものとしての女性的原理という意味あいを持っている、ということ以上には、女性的原理というものは、はっきりとは出てまいりません。これは次の時期に、シャクティズムの影響として大乗仏教の中に入ってくるのであろうと思われます。しかしそれも受け入れる素地は、このような「仏母」とか「ガルバ」という観念の中にあるのではないかと思うのであります。

さて、インド仏教の歴史を考えてみますと、先ほど述べたように、常にヒンドゥイズムを栄養源とし、それをとり入れて新しい教理を作る、ということが繰り返されているように思われるのであります。すなわち栄養を摂りおわって、教理をかためる段階になると、無我説とか、空であるとか、そういう仏教に一貫した基本思想を以て理論化する。そのように理論化することによって、段々とヒンドゥー的なものから離れる。しかし同時に一般大衆とのつながりからも離れ、出家集団だけのものになっていく。大乗仏教の後期においても、こういう形になりかかったのではないか、そしてそういう時に、新しく密教者の集団ができあがって来たのではないか、と思うのであります。そして密教の教理を作る時に仏教を継ぐものとして、大乗の空の思想、あるいは『華厳経』如来性起品などに現われている如来の立場からの、如来の一元論といったものをとり入れて、その教理のかためとしたのではないか、と思うのであります。

また、仏教者の在り方については、次のようなことが言えるのではないかと思います。即ち大乗仏教というものは、教理としては存在していても、教団（特定の律をもった部派的な教団）としては存在していなかった。故に大乗仏教者といえども必ずどこかの（いわゆる小乗系の）部派の教団で出家しているようであります。思想的には転向しても、教団は離脱していないのではないかと思われるのであります。

たとえば、いろいろな部派との関係を言われる龍樹が、出家した時の僧籍はそのままで、大乗の教理を宣揚している。また大乗の教団というものには、戒はあっても律はないのでありますから、教団としての規約はなかったと考えねばなりません。故に部派仏教に所属していて、同時に大乗仏教徒である、ということが可能であったのです。密教では、たとえばアティーシャ（ディーパンカラ・シュリージュニャーナ）でありますが、伝記によれば、彼は三十歳まで在家の形での阿闍梨《あじゃり》として活躍し、その後いずれかの部派（大衆部《だいしゅぶ》）で具足戒を受け、また同時に大乗の顕教《けんぎょう》の教義もいろいろと説き、チベットにそういう文献をいくつかもたらした、とあります。彼もまた、密教者であると同時に大乗仏教者であり、かつまた部派仏教の出家者であったのです。このような在り方が、後期大乗における仏教者の姿ではなかったかと思うのであります。

四

『大日経』が成立して密教が初めて確立したと言われる。その時に、教理面でその基本としたのは『華厳経』であり、その教主「ヴァイローチャナ」(毘盧遮那《びるしゃな》つまり遍照《へんじょう》)であった、と思うのであります。密教では「ヴァイローチャナ」の智慧の光明ということを申しますが、如来蔵思想においても、この「光明」ということを非常に重んじています。ここに如来蔵思想と密教との一つのつながりがあろうかと思うのであります。

『如来蔵経』の最初に蓮の比喩が出てまいります。これは、如来が菩薩たちの集会したその前で神変を現ずることを述べたものです。すなわち、無数の蓮華が開き、その一つ一つの台《うてな》に如来が坐っていて、それがみな光明を放つ。そしてこれらが一瞬現われたと思ったら、次の瞬間には消えてしまって、蓮華の朽ちた花びらの厭《いや》な臭いがして来る。そして如来は見えなくなってしまう。その後で、またこの蓮華の花びらを除くと如来が出てくるという内容であります。この朽ちた、汚い、臭い花びらの中に坐っている如来が、この経が最初に如来蔵を比喩して使ったものであります。この蓮華の台が「ガルバ」と呼ばれるのであります。

また、この『如来蔵経』には九つの比喩が説かれますが、その後に、常放光明如来についての説明の部分がございます。そこには、常放光明如来というのは——世尊がかつて如来蔵の法門をこの如来から開いたと言われているのでありますが――母の胎内にいる時から光り輝き、胎外に出ても、悟りを開いても、そして涅槃に入り仏塔に入っても光り続けた。衆生たちはその光をみて、それぞれの段階に応じて悟りを開くのである、と述べています。世界を照らすと同時に、光り続ける永遠の光明、それを常放光明如来として描いているのであります。これは如来蔵思想というものが、最初に大乗経典の中にとり入れられた時の姿であります。これを仏教教理的に言えば、「自性清浄心」（プラクリティプラバースヴァラチッタ prakṛti-prabhāsvara-citta）ということになるのであります。また、この自性清浄心が客塵《かくじん》にくらまされている、というのは原始仏教以来の教義であり、如来蔵思想は、胎中における常に光り輝いている自性清浄心を如来蔵として表わしたものなのであります。

これは同時に如来そのものであり、「ヴァイローチャナ」なのであります。この『如来蔵経』は「ヴァイローチャナ」とは言っておりませんが、その説相が『華厳経』如来性起品、特にその「一塵含千」の喩に基づいていることから、そのように解釈できるのであります。仏たる光り輝くものと、心の内なる光り輝くものが、同じものであるということになりますと、これはまさに密教における三密の世界になるのではないか、と思われますが、『如来蔵経』及び如来蔵思想ではそのような表現はしていないのであります。しかし『宝性論』の如来蔵の根本義を説く第一章の第二十七偈で「仏の智慧が衆生の中に入り込んでいる」、漢訳では「衆生が仏に包まれている」、とこのように『華厳経』如来性起品の説相そのままに説き、如来の智慧が衆生の中に浸み透っており、また如来の本性と衆生の本性は真如であり、同じである。故に衆生は後に仏陀となる可能性がある。このような意味で、如来を内に宿すものとして衆生を如来蔵と名づける、と説明されております。『如来蔵経』では、如来そのものが衆生の中にいる、と言っておりますが、しかし現実に私どもは仏ではないのでありまして、理論的には、そこにあるのは如来のガルバ、如来の胎児ということになるかと思うのであります。私どもの内に如来がいる、と言ったのでは、教理的にも、また現実問題としても具合いが悪いので、如来となる因、可能性（ブッダダートゥ buddhadhātu）すなわち仏性がある、という説明になっていったのでありますが、『如来蔵経』の思想は、もっとそのものずばりであったろうと思われるのであります。

　胎蔵界というのは――私の解釈が間違っていなければ――「ヴァイローチャナ」の大慈が普《あまね》く世界を覆《おお》っている法界であり、また『華厳経』で説くところの、法界に普くいきわたっている智慧の光でもあります。ここでは法界と智慧は離れていないのであります。唯識説では、法界と智を清浄《しょうじょう》法界《ほっかい》と四智という形で離しております。密教では清浄法界を、法界体性《ほっかいたいしょう》智《ち》という智を以って解釈しております。このことは『華厳経』の「ヴァイローチャナ」が法界であると同時に智であるという考え方に基づいているのではないかと思われます。以上のように、普く行きわたる智慧の光ということで、胎蔵ということを表わしておるのです。一方、金剛界というのは、以上のような智が凝縮した形であろうと思います。すなわち、一切の宇宙大の大きな法界が、すなわち如来の智慧が、衆生あるいは菩薩に集中し、凝縮したところ、これが金剛智の世界であろうと思うのであります。故に如来蔵即ち衆生一人一人の如来となる母胎は、この金剛智になるであろうと考えるのであります。大乗仏教の流れの中で、如来蔵思想と密教の関係を考えてみますと、この程度のことが言えるのではないかと思うのでございます。

Ⅳ

道元の仏性論

一　はじめに——道元と「仏性」

道元の仏性観が、世のつねの仏性観に比して、極立って異色であるということは、いまや常識となっている。その論拠を、『正法眼蔵』仏性の巻の冒頭において、『涅槃経《ねはんぎょう》』の一句、

一切衆生悉有仏性。如来常住無有変易《へんにゃく》。

に対して道元が下した解釈、

悉有は仏性なり、悉有の一悉を衆生といふ。

に見出すこともまた、道元について語る人々の間での常識といってよい。「悉有《しつう》は仏性《ぶっしょう》なり」という読み方は、漢文としてはずいぶん勝手な読みであるが、論理的には多分、「諸法は実相なり」に通じ、したがってまた「現成公案《げんじょうこうあん》」とも通じる思惟の表現として、道元の思想の根柢につらなる重要な意味を荷《にな》っていると思われる。

たしかに「悉有は仏性なり」は経典解釈としては教家の常識のどぎもを抜く読みであるが、そして、道元以前にそのような読みをした者はいないが、禅家の伝統からいえば、必ずしも突飛《とっぴ》な発想というわけではない。その禅家の伝統の消息は、ほかならぬ「仏性」の巻の全巻がこれを浮き彫りにして示してくれる。正に道元のいうごとく、

仏性の道取・問取は仏祖の家常《かじょう》茶飯《さはん》なり。(「仏性」)

で、道元の解答もまたその一環である。

その伝統の中で、仏性の論争は「無仏性」の方に傾いている。これは、『涅槃経』の経文がどうしても仏性を実体的にとらえ、常住の実在であるかの如く考えさせがちであるところから、禅家の伝統がそれを打破して正道にもどすべく、力点を無の方においてそのバランスをとったことを示しているものと思われる。道元もまた、無仏性に加担しているようにみうけられる。

仏性という表現についてはどちらかというとネガティヴにうけとめている道元ではあるが、同時に実質的には、世のつねにいう仏性を前提とした考え方をあちこちで表明している。たとえば、かれの開宗宣言とでもいうべき「弁道話《べんどうわ》」の冒頭の有名な句、

この法は、人々の分上にゆたかにそなはれりといへども、いまだ修せざるにあらはれず、証せざるには得ることなし。

は明らかに仏性の本質を教えているし、かれが敬愛する仏祖のひとり、玄沙師備《げんしゃしび》の語る

「尽十方界是一顆明珠」の句を主題とする「一顆《いっか》明珠《みょうじゅ》」の巻も、紛うかたなき仏性論である。しかし道元にあっては、「この法」は諸仏の自《じ》受用三昧《じゅゆうざんまい》として、端的には修証一等の坐禅を意味したし、「明珠」は諸法実相《しょほうじっそう》、法界《ほっかい》そのものでもあった。すなわち、諸法実相なる法界として、普遍・不変なる悉有が、同時に、修行して証せられ、あらわにされるべきものとして、個別的にあり、無常変化の相をもっている。個としてあらわれている以外に、悉有も法界もなく、個が現成《げんじょう》する以外に仏性も如来もない。そういう一元の世界が道元の世界であり、「仏性」はその「一悉」である。仏性を語ることは、したがって、道元のすべてを語ることになるし、道元を語ればどこにでも仏性が見えがくれしている道理である。

　道元にとって、仏性がその全てであるというのは、故なきことではない。それは、道元の少時抱いた大疑団が、ほかならぬこの「悉有仏性」の問題だったからである。
伝記によれば、道元は比叡山に学んで、その天台の教義の基本といわれる本覚《ほんがく》の法門について疑念を抱き、「衆生が本来本法性《ほんほっしょう》、天然自《てんねんじ》性身《しょうしん》ということならば、三世の諸仏は何をすきこのんで発心・修行したのか」という質問を、山上の知識・大徳たちに問いかけたが、誰ひとり解答を与えてくれなかった。三井寺の公胤《こういん》もまた解答できなかったひとりであるが、ただ彼は、大宋国には仏心印を伝えるものがあるから入宋するがよいと、一つの途をしめしてくれた（『三祖行業記』）。あるいは建仁寺の栄西を訪ねるように指示したともいう（訂補『建撕記』）。
あるいはこの問答はすべて単なる伝説にすぎないかもしれない。しかし、道元がその種の疑念を抱き、それが建仁寺での修行によっても氷解しなかったことは、その後の遍歴の記録が証明してくれる。すなわち、天童山における如浄《にょじょう》との質疑メモ『宝慶記《ほうきょうき》』には、あきらかに本覚の法門に言及し、これに自己の疑いを表明しつつ、如浄の見解を乞うた、次のような一段がある。

拝問す。古今の善知識《ぜんちしき》曰く、「魚の水を飲んで冷煖自知《れいだんじち》するが如し。この自知は即ち覚なり。之を以て菩提の悟りと為す」と。道元難じて云く、若し自知即ち正覚《しょうがく》ならば、一切衆生皆自知有り。一切衆生自知有るに依って正覚の如来為るべしや。或る人の云く「然るべし、一切衆生は無始本有《むしほんぬ》の如来なり」と。或る人の云く「一切衆生、必ずしも皆是れ如来にあらず。所以はいかん。若し自覚性智《じかくしょうち》即ち是なりと知るは是れ如来なるも、未だ知らざる者は不是なればなり」と。是の如き等の説は是れ仏法なるべしや否や。

和尚示して曰く、

若し一切衆生本《もと》より是れ仏なりと言はば、還て自然外道《じねんげどう》に同じ。我我所を以て諸仏に比ぶるは、未得《ヲ》謂《ヒ》レ得《ト》、未証《ヲ》謂《フ》レ証《ト》を免るべからざる者なり。

この質疑は、「弁道話《べんどうわ》」をはじめとして、「仏性」や「即心是仏」の諸巻で示される霊知仏性説・心性不滅説に対する批判の原型となったものと思われるが、これだけで道元の解答が確立したとは見えない。それが帰国後の第一声「弁道話」の中で前掲のごとき句を含む見事な解答となって現われてくるのには、その間に道元の「身心脱落《しんしんだつらく》」の体験が横たわっているのである。

さらに、「弁道話」から十年、齢四十有二歳にして「仏性」の巻が示衆された。それは道元の体験を裏付けるための、いわば仏性論の伝灯の記録である。つまり「正伝の仏法」そのものとしての仏性論であり、その、道元自らにおける解答の提示である。この「仏性」の巻の示衆された仁治二年（一二四一）の前後は、道元の思索のもっとも油ののりきった時と考えられている。ほぼ同じ時に（記録によれば、同じ仁治二年十月の中旬）、「行仏威儀《ぎょうぶついいぎ》」の巻が書かれている。その冒頭に、

諸仏かならず威儀を行足す、これ行仏なり。行仏それ報仏にあらず、化仏にあらず、自性身仏にあらず、他性身仏にあらず。始覚本覚にあらず、性覚無覚にあらず。如是等仏、たえて行仏に斉肩することうべからず。

といい、すすんで、

これ行仏の威儀なる、任心任法・為法為身の道理なり。さらに始覚・本覚等の所及にあらず。

と、始覚・本覚の論を超えた行仏の威儀を説いているのは、同じく本覚法門に対する疑念

への解答、それも積極的な解答と思われる。この「仏性」「行仏威儀」の両巻は、その意味で、年来の課題に対する総決算として、道元が全力をふるって示した解答であり、そこに、思索のピークが現われているのは、まことにむべなるかなと思われる。

以上のような道元の思索と体験にかんがみて、以下、「仏性」の巻の順序を逐って、道元の仏性観を考察してみたい。それに先立って、仏性の観念の、仏教における展開を概観しておくが、これは、いわば道元の疑念の元となった、天台本覚法門の由来を辿《たど》る意味もある。それに対し、「仏性」の巻には、道元の解答をひき出した伝統が語られている。それは本覚法門とは全く異なったコースではあるが、やはり同じ経典の仏性説に由来している。この、いわば一つの源から発した正反の二つの伝統を経験することによって、道元はかれ独自の第三の立場を開拓した。それは、否定を媒介とする本覚法門の止揚である。そういう形で、道元は日本仏教史のなかに位置をしめたといってもよいであろう。

二　仏性説の歴史

大乗仏教の歴史において、「仏性」という重要な観念が登場するのは、『涅槃経《ねはんぎょう》』にはじまる。「一切衆生《いっさいしゅじょう》　悉有仏性《しつうぶっしょう》」はその経典の最大の眼目というべき説で、「如来常住無有変易《へんにゃく》」とあわせて、その基本教義を形成している。この場合、「仏性」とは、文字どおりには、仏となる因、可能性ということで、その原語は、チベット訳から判断して、buddhādhātu と考えられる。dhātu は一般に「界」と訳される語で、その意味は種々あるが、仏典では基本的には、「因」の義と説明され（dhātu = hetu）、「依持」（ādhāra、よりどころ、基盤）と解釈される。仏性（仏界）は「法界《ほっかい》」（dharmadhātu）との類比で作られた語と思われ、法界が、「諸法出生の因、根元」であるとともに、諸法の本質（dharmāṇāṃ dharmatā）をも意味するように、仏性も、諸仏の本質（dharmatā）にして、かつ諸仏を生み出す因である。そして、法を離れて法界が実在するのでないごとく、仏性というものが諸仏の外にあるのではない。さらに、仏とは諸法の本質（法界＝縁起）をさとった者であるが、さとるとは、それと一体となることと考える（仏は法を身体とする者、法身）故、仏の本質・本性とは法界に他ならない。つまり、仏性は本質として、真如《しんにょ》・法界そのもので、したがって無為・不変のもの、法爾《ほうに》（＝法性 dharmatā）とよばれる。

この仏性、つまり仏の本質が、一切の衆生にも本来具わっており、衆生は仏と本質を同じくするから、衆生はすべて仏となることが可能である、とするのが「一切衆生悉有仏性」の意味である。したがって仏性は具体的には仏について云々されるのではなく、衆生つまり、まだ仏になっていないものに関して言及されるのがつねである。仏の本質（仏たること）を示す語としては他に、buddhatva という語があるが、大てい「仏身」「仏体」と訳されていて、仏に関してだけ用いられている。同様に buddhatā という語もあるが、これは「仏位」つまり、さとった状態、果位をあらわす名称である。この二つは、衆生のうちなる仏と同じ本性という場合には用いられない。それに対し、仏性はもっぱら因位をさす名として用いられる。

同じ因位における仏の本質、つまり、衆生の内なる仏と同じ本性で、衆生をして仏たらしめる因たるものをさす名として、「如来蔵」（tathāgatagarbha）という語がある。如来蔵とは元来、衆生それ自体をさして、「如来を内に宿すもの」（如来の胎を有するもの、あるいは如来の胎児）の意で比喩的によんだ名で、『如来蔵経』がその最初の使用者である。同経はこの教理を九種の比喩によって説明したにすぎなかったが、その後の教理の展開にしたがって、衆生のうちなる、如来となる可能性自体を「如来蔵」とよび、衆生をその所有者と解するようになった。実は「仏性」の語は、そのような意味での如来蔵を説明することばとして、『涅槃経』によってはじめて用いられた術語である（『涅槃経』はその教理が『如来蔵経』に基づくことを経中に明言している）。このように如来蔵という語が、歴史的に「仏性」に先行し、また、仏性という語をつかわず、もっぱら如来蔵という語を使用する重要な経典が多い（『勝鬘経』『不増不減経』『楞伽経』など）ので、今日一般に、この「すべての衆生に成仏の可能性ありとする主張」は「如来蔵説」「如来蔵思想」の名でよばれている。

ところで、漢訳の「仏性」には、もう一つ別の原語が考えられる。それは buddhagotra

つまり「仏種姓《しゅしょう》」である。gotraとは家系、氏族、つまり氏素《うじす》姓《じょう》であるが、仏の家系とは仏の教えにしたがう人々をいわば擬制的に一般社会の家系になぞらえた語で、仏弟子を「釈子」「仏子」「勝者《ジナ》の子」と呼んだのと同類のよび名である。大乗仏典では、菩薩こそが、「ジナの子」で、如来の家に生まれたもの、如来の家の後継者、如来の系統を絶やさぬこと（不断仏種）を使命とするものとみなされている。その意味で菩薩は「仏の種姓を有する者」である。この「種姓《ゴートラ》」はいわゆる血筋、あるいは遺伝子で、それなくしては仏になれない因子であり、その点で「界《ダートウ》（＝因）」と同義語とみなされている。

この「種姓」を意味する「性」は、しかし、家柄によって社会的差別が生ずるように、さとりの能力に関する差別をあらわす語として用いられた点で、「界（＝因）」を意味する「性」と異なっている。すなわち、初期の大乗では、菩薩の能力を最大に評価して、仏の後継者と見る一方で、声聞《しょうもん》・縁覚《えんがく》の二乗は、それぞれ、阿羅漢《あらかん》、辟支仏《びゃくしぶつ》（＝縁覚）をゴールとするもので、仏になる資格はないと考えた。つまり、三乗というコースのちがいは、ゴールの差異をもたらすが、その原因は種姓、素姓、素質のちがいにあるというわけである。

これに対し、コースのちがいは方便で、究極的にはすべて成仏という一つのゴールに達することが仏教の本意であることを強調したのが『法華経』であり、ここに一乗家と三乗家の対立が生じた。すべての衆生に成仏の可能性を見る如来蔵思想は、この『法華経』の一乗説の後継者で、それを発展させた思想である。しかし、コースのちがいを種姓、素質のちがいに帰する考え方はインドではなかなか根強く、その説はさらに発展して、三乗の種姓の他に、三乗の何れかに定まっていない「不定《ふじょう》種姓」や、何れにもなる資格のない「無種姓」(agotra 無性)の衆生の存在をみとめる、いわゆる「五性各別《ごしょうかくべつ》説」を生んだ。この人たちからみると、一切衆生悉有仏性などというのは空理空論で、せいぜい不定種姓のものを菩薩↓仏のコースへ引き入れるための方便説にすぎないという。

中国仏教は鳩摩羅什《くまらじゅう》の訳業を通じて、はじめて中国に根をおろしたと考えられるが、その羅什の伝えた教学は、大乗の空観(『般若経』や『中論』)に加うるに法華一乗の教えを以てしたものであった。そのあと『涅槃経』の悉有仏性説が入ったが、その如来常住論や、常楽我浄の四徳説などにみられる「有」の積極的強調は、それまでの「空無」の論との対比で一時物議をかもした。しかし、最終的には一乗思想ということで両者は統一され、ここに中国における大乗の主流が形成された。爾来、天台・華厳の両教学も、念仏・禅の両門も、みな一乗家たるをもって大乗の主流たるを自認した。そして、玄奘によってインドから直輸入された瑜伽唯識《ゆがゆいしき》の説は、明らさまに五性各別説を主張し、一分不成仏を説いたため、「権大乗」のレッテルをはられた。両者の間に盛んに交わされたのが、いわゆる仏性論争で、これはインドにおける一乗家と三乗家の争いの中国版である。

さて、衆生がすべて仏となる可能性を有しているといわれるが、その仏となる可能性とは実質的には何をさすか。それは、「自性清浄心《じしょうしょうじょうしん》」だというのが伝統的な公式解答である。「衆生の心は自性として（prakṛtyā 本性上、生まれつき）清浄である（あるいは、明るく輝いている）が、ただ客塵《かくじん》たる煩悩によって汚されている」というのは『阿含経』にも見られる教えであるが、これが大乗経典において発展して、心性本浄説となった。『般若経』などでは、自性清浄とは本来空という意味で、心は無心であると説明されたが、他方、自性清浄心、客塵煩悩染という衆生の現実の状態を示す名として考案された「如来蔵」の説では、如来蔵を「心性《しんしょう》」（cittaprakṛti）の名でよぶ場合も出て来た。しかし、如来蔵にせよ、仏性にせよ、心が本来煩悩に染せられていないことを表わすだけで、実体があるわけではない。つまり、『般若経』的に本来空と解するのが正道である。この空は、十六空や十八空の説の中では「性空《しょうくう》」（prakṛti-śūnyatā）とよばれ、ときにそれは「仏性空」と解釈されている（『十八空論』）。それを実体的な「心性」有りと考えれば、明らかに外教のアートマン説に近づくことになろう。

　中国仏教における如来蔵・仏性思想の展開上、最大の影響力をもったのは『大乗起信論』である。真諦《しんだい》の訳出として、地論《じろん》・摂論《しょうろん》の徒によって喧伝されたこの書は、法蔵を通じて華厳教学の確立にも大きな役割を果たし、さらには一乗家全体にとって理論的支柱を与えるようになる。この論典の基本的立場は法界の一元論で、それに衆生心の両面、すなわち、如来蔵＝真如なる清浄の側面と、如来蔵＝阿黎耶《ありや》識として三細六麁《さんさいろくそ》を生む随染の面とをからませて、いわゆる如来蔵縁起を説くが、この中で「本覚」「始覚」の語が使われる。『起信論』によれば、衆生は如来蔵心によって「本覚」（覚）であるが、三細六麁によって染されて「未覚」（不覚）の状態にある。それが大乗に信を起こし（菩提心を発し）、諸波羅密行を積むことによって覚位に至る。このはたらきを「始覚」という。始覚とは不覚の状態が本来の覚にもどろうとするはたらきである。

『起信論』の本覚の説は華厳教学において、唯心《ゆいしん》の法門と合体し、澄観の「霊知不昧《れいちふまい》の一心」とか、宗密《しゅうみつ》の「本覚真心」の観念を生み、次第に内在的な実体視されてくる。また、『円覚経』とか『釈摩訶衍論《しゃくまかえんろん》』等の作品を生み出し、その中に衆生の本来成仏の観念があらわれるに至った。これらは日本の天台宗における本覚法門の形成に大きな影響を及ぼすことになるのである。

本覚法門と道元との関係については、詳論はさけるが、本覚法門が歴史的には如来蔵・仏性の思想と不可分の関係にあり、その中国的な一解釈の展開として形成されたものであることだけを述べておきたい。最澄ははじめ華厳教学を学び、のち法華一乗の説を併せて、三乗家たる法相宗の徳一と仏性論争を行なったが、かれにはまだ本覚の思想は見られない。本覚法門はその後百年、五大院の安然《あんねん》によって芽生えたといわれるが、かれに最も影響を与えたのは、空海によって導入された『釈摩訶衍論』の教義であり、その即身成仏義であった。即身成仏説は本来成仏説と共に現在成仏説を生み、これが修行面における堕落を生む次第ともなって、道元の疑念をひきおこしたといえるであろう。

三　無仏性の系譜

禅宗の歴史に、如来蔵・仏性の思想がどのように関わっていたか、正確な事実については知りかねる。今日われわれが知っている禅宗の伝統は、その思想と共に、九世紀初頭、『宝林伝《ほうりんでん》』の成立によって確定したと推定されている（柳田聖山、文献(5)）。したがって、これから考察しようとする「仏性」の巻に示される禅宗の仏性観はそのまま史実とうけとるべきものではない。しかし、南陽の慧忠《えちゅう》（―七七五）が心性説を批判したことなどは当時の史実に近く、したがって、見性とか心性の説が慧忠以前に、禅宗の徒の間で唱えられていたことは間違いない。これは華厳の澄観・宗密の心性説がいわゆる南宗の荷沢神会《かたくじんね》（六七〇―七六二）の影響下に生まれたことと相俟って、八世紀中葉の禅門の状況を物語っている。さらに遡れば、後にいわゆる四祖道信《どうしん》と五祖弘忍《こうにん》の守心説を知っていて作られたと考えられる『金剛三昧経』（七世紀中葉成立か）が如来蔵説を忠実に祖述しているし、道宣《どうせん》が『続高僧伝』（六四五）に伝える菩提達磨《ぼだいだるま》の「二入四行説」も明らかに如来蔵思想をふまえている。禅門の徒が、古くから、さとりの問題を己が心の問題とし、習禅によって実践的に仏性・自性清浄心を確かめようとしたことは、間違いない事実と考えられる。しかし、その伝統はやがてどちらかというと心性の実体視、絶対視に傾いていった。今日の禅宗の伝統は、そういった古い禅門の見解に対する批判を旗印として成立したものと考えられる。古い禅門とは、いわゆる北宗禅、南宗禅（荷沢禅）、牛頭《ごず》禅であり、今日の伝統とは、江西の馬祖や石頭によって八世紀末に成立した伝統である。「仏性」の巻に見える四祖・五祖はこの馬祖たちの目を通じてえらびとられた祖師像の投影に他ならない。批判の立脚点は、空であり、無であったが、それは、思想の根拠を『楞伽経《りょうがきょう》』から『金剛経』にうつしたことにも示されている。

どうやら、種明しを急ぎすぎたようでもあるが、以上のような背景を知って「仏性」の巻を見れば、問題点はおのずから明らかになるであろう。無仏性の系譜の必然性は、この新しい禅門の歴史そのものに根ざしているのである。

「仏性」の巻は、その内容を科段に区切ると次のようになる。

A、序節――『涅槃経』の仏性義と正しい仏性観

§1 「一切衆生悉有仏性」――「悉有は仏性なり。悉有の一悉を衆生といふ。」

§2 仏性を覚知覚了の主体とみるのは先尼外道の説

§3 仏性を草木の種子のごとく思うのは凡夫の情量

§4 仏性は時節因縁

B、諸仏祖の仏性観

§5　馬鳴《めみょう》の「仏性海」

§6　四祖の「無仏性」

§7　五祖の「嶺南人無仏性」

§8　六祖の「無常仏性」

§9　龍樹の「円月相」（道元の見た円月相の図）

§10　塩官斉安の「一切衆生有仏性」

§11　潙山霊祐の「一切衆生無仏性」

§12　百丈懐海の「五陰不壊身は浄妙国土」

§13　黄檗・南泉の問答――「定慧等学、明見仏性」について

§14　趙州従諗の「狗子仏性」

§15　長沙景岑の「蚯蚓斬為両段」の話

C、結び（§16）

右のうち、Bはその分量から言っても本巻の主分であるが、Aは序節と言うには少し重い。あるいは、Aを主題の提示、Bをそれに対する証明とみてもよいかもしれない。梅原猛氏は本巻の全体を有仏性と無仏性の対立を主題とすると見、§15の話題、二匹のみみず、両頭のみみずにその象徴を見出している。そして、このアポリアを以て、道元の一生の課

題であったとし、また、有か無かの単純な二者択一では、道元に立つ瀬がないことを指摘し、道元のとった道は、世俗の世界から直接に有仏性の宗教的世界に入るのではなしに、無仏性の倫理的世界を媒介とする道であった、そして、この道にすすましめる原動力となったのは無常仏性の説であった、というふうに本巻の内容を截断している（梅原猛、文献(7)）。この截断はまことに梅原氏ならではの直観によるもので、たしかな手応えがある。筆者はこの梅原説に啓発されて、今回の論稿の全体の構想を得たことを、感謝の意をこめて、ここに公表しておきたい。この論稿全体が、いわば、梅原テーゼに対する証明の役を果しているつもりである。

　では、無仏性のみみずの系譜をBに探ることからはじめよう。

〔一〕　無仏性の道《どう》、はるかに四祖の祖室よりきこゆるものなり。黄梅に見聞し、趙州《じょうしゅう》に流通し、大潙《たいい》に挙揚す。無仏性の道、かならず精進すべし、趑趄《しそ》することなかれ。

また、

　　しるべし、無仏性の道取聞取、これ作仏の直道なりといふことを。しかあれば、無仏性の正当恁麼時《いんもじ》、すなはち作仏なり。無仏性いまだ見聞せず、道取せざるは、いまだ作仏せざるなり。

右はそれぞれ、§6四祖と五祖の無仏性の問答、§7五祖と六祖の嶺南人無仏性の問答を粘提《ねんてい》するなかで、道元自身の評語としてのべられているものである。このうち、第一は無仏性の系譜、第二は無仏性道の所由を示し、両者によって、全巻の意図するところは要約されているものと見うけられる。

〔二〕　無仏性道の最初をかざる四祖・五祖の問答は次のとおりである。

五祖弘忍はもと栽松《さいしょう》道者であった。ある時、四祖道信は道でかれに会い、法を伝えたいと思ったが、已に年をとりすぎているので、生まれなおして来いという。道者は承知して、周氏の女の胎をかりて生まれなおし、七歳になった時、四祖に会った。四祖は童子の骨相奇秀なのを見て、「汝の姓は何という」と問う。童子が答えるには「姓はあるが、通常の姓とはちがいます」。「ではどんな姓だ」。「仏性（仏姓）です」。四祖はいう。「おまえに仏性などあるものか」。童子が答えるに「お師匠さんは仏性空と教えられているので、無仏性といわれるのでしょう」。四祖は童子が法器たることを知って侍者とし、後に正法眼蔵を付嘱した。

ここで仏性の観念の歴史に照らして一言蛇足を加えれば、この仏性は「仏種姓《ゴートラ》」の観念を下敷きにしていることは明白である。さらに前生物語とむすびつければ、童子が「仏姓」である所以が歴然と語られている。何となれば童子は仏の家を断絶せしめず相続するために「願生《がんしょう》」して来たのだから。

さらに、その仏性の本質が「空」と語られているのは、より重要である。前節で述べたように、仏性空＝性空は、『般若経』以来の伝統に忠実な自性清浄心の説明で、悉有仏性の語につきまとう実体観の打破に最も基本的かつ有効な武器である。あるいはここで、『般若経』が「菩薩の句義は無句義」と説くのを釈して、ハリバドラが『現観荘厳論・光明』の中で「無句義（よりどころなし）とは無性（agotra）の意」、つまり、菩薩には特定の姓はないと述べているのを想起するのもよい。無仏性道の系譜のはじまりに「仏性空」の言のあることとは、道信の東山法門の実状を示すのか、あるいは馬祖一味の旗印の反映かはわからないが、仏性論の本質に照らしてなかなか的を射ている。

　道元はもちろんそのような教理的背景には頓著していない。問うているのは、「是」も「何」も「不是」も「仏」も、そして「周」もとりさった、ただの「性」であるといい、大事なのは「いまはいかなる時節にして無仏性なるぞ」であるとみる。「仏性成仏のとき無仏性なるか」「仏性発心のとき無仏性なるか」あるいは「仏頭」にか「仏向上」にか。この問題関心がA序節の§4にむすびつくことは明白である。

〔三〕　次は五祖と六祖の初会見の場である。

　黄梅山に五祖をたずねた慧能に五祖が質問する。「そなたは何処から来た」。「嶺南《れいなん》人です」。「ここに来て何をしようとするのか」。「作仏したいと思います」。

五祖がいう。「嶺南人は無仏性だ。どうして作仏出来よう」。

慧能は答える。「人には南北の区別はありましょうが、仏性に南北はありませぬ」。

教学的にいえば、仏性は成仏の因である。ここも表面的にはそれをふまえている。一切衆生悉有仏性だから、作仏に南北の差別があるわけがない。六祖の答えは教学に忠実に見える。（前掲）。しかし道元はむしろ無仏性を重く見て、無仏性こそが作仏の原動力だと言っている（前掲）。そして、六祖は人に南北があっても仏性に南北なしと言われるが、作仏するのは個々人であって、仏性が作仏するのではないということを御存知かとまで言って、六祖に対して点が辛い。

道元のいう道理は次のとおりである。

仏性の道理は、仏性は成仏よりさきに具足せるにあらず、成仏よりのちに具足するなり。仏性かならず成仏と同参するなり。

衆生有仏性、衆生無仏性と道取する、この道理なり。成仏以来に具足なりと参学する正的なり。かくのごとく学せざるは、仏法にあらざるべし。かくのごとく学せずは、仏法あへて今日にいたるべからず。もしこの道理あきらめざるには、成仏をあきらめず、見聞せざるなり。

ここでは「衆生有仏性」も「衆生無仏性」も同じ道理の道得《どうとく》（ことばによる真理の表現）だとみとめているが、しかし「見仏聞法の最初に、難得難聞なるは衆生無仏性なり」。

めったに聞ける道得ではないから、「きくことのよろこぶべきは衆生無仏性なり」。

さらに道元はいう。四祖・五祖の無仏性という道得ははるかに拘束力をもつ大力量がある。その一分をうけて、迦葉《かしょう》仏や釈迦牟尼仏等の諸仏の「悉有仏性」という道得があらわれた。かれら諸仏は「作仏し転法するに、悉有仏性と道取する力量あるなり」。この悉有の有はかならず無仏性の無を嗣ぐはずのものである。四祖・五祖は悉有仏性という諸仏の道得の根元の意味をひき出して、無仏性と道取したのだというのである。有といおうと無といおうと、その根元はこの無仏性にある。故にこれは有無の問題ではない。仏性とはそも何ぞやの問題である。だから、「このとき、六祖その人ならば、この無仏性の語を功夫すべきなり。有無の無はしばらくおく、いかならんかこれ仏性と問取すべし。なにものかこれ仏性とたづぬべし」。いまの人も仏性ときくとすぐ有無を問題とするが「これ倉卒《そうそつ》なり」。

〔四〕 右の一段では「その人でない」如く扱われた六祖であるが、次の一段（§8）では、道元がわが意を得たりと喜んだであろうような名言をはいている。「無常は仏性なり」。

無常仏性は、それと対になっている六祖の言、「有常は即ち善悪一切法分別心なり」と併せてよむと、教学に対する全く逆説的表現である。しかし道元は上の一句だけをとり出して拈提し、評価している。仏性空、無仏性の問取は無常仏性によって答えられたというのである。常とは「未転」つまり無有変易《むうへんにゃく》（apariṇāma）である。無有変易では作仏はない。無仏性でなければ作仏しないとは、仏性無常ならざれば作仏なしの意味である。「人物身心の無常なる、これ仏性なり。国土山河の無常なる、これ仏性なるによりてなり。阿《あ》耨多羅《のくたら》三藐三菩提《さんみゃくさんぼだい》これ仏性なるがゆへに無常なり、大般涅槃これ無常なるがゆへに仏性なり」。

ここで道元は『涅槃経』の「無有変易」を「無なり、有なり、変易なり」と読んだのであろう、との梅原氏の読みはするどい。道元の言を真似れば、「悉有（＝衆生）は有仏性なり、無仏性なり、変易（＝無常）仏性なり」ということになろうか。無常仏性はまた、時節因縁にほかならない。ここにA序節のテーゼが集約されて解答を与えられていると見るが如何であろうか。

〔五〕 無仏性・有仏性の論はさらに六祖下の諸祖にうけつがれる。「仏性」の巻にはないけれども、磨塼《ません》によって馬祖《ばそ》に教えた南嶽《なんがく》（『眼蔵』「古鏡」「坐禅箴」）も明らかに無仏性の系譜に属する。その馬祖の嗣や法孫の間でのやりとりが、§10、§11の両段である。これに対する道元の評がまたすばらしい。

塩官有仏性の道、たとひ古仏とゝもに一隻《いっせき》の手をいだすににたりとも、なほこれ一条拄杖《しゅじょう》両人昇なるべし。いま大潙はしかあらず、一条拄杖呑両人なるべし。

塩官斉安は衆生有仏性というが、これはいわば古仏釈迦老漢と二人で、片手ずつさし出して棒をかついでいるようなものだ。しかし潙山の衆生無仏性はちがう。一本のかごかき棒で二人を呑んでしまっているじゃないか。

つづけて道元は理由を挙げる。

一切衆生なにとしてか仏性ならん、仏性あらん。もし仏性あるは、これ魔儻《まとう》なるべし。魔子一枚を将来して、一切衆生にかさねんとす。仏性これ仏性なれば、衆生これ衆生なり。衆生もとより仏性を具足せるにあらず。たとひ具せんともとむとも、仏性はじめてきたるべきにあらざる宗旨なり。張公喫酒李公酔といふことなかれ。もしおのづから仏性あらんは、さらに衆生にあらず。すでに衆生あらんは、つゐに仏性あらず。

この原理も「悉有は仏性なり」である。衆生即仏性である。衆生が仏性を具有するというように二つのものとみるのは、同時に、仏性をも衆生をも、何か一つの実体とみることになる。だから、百丈《ひゃくじょう》もいうように、仏性有りといっても、仏性無しといっても、ともに謗法《ぼうほう》の罪をおかすことになる。

〔十八〕 最後の有無論は趙州《じょうしゅう》のひとり舞台である（§14）。趙州は南泉の法嗣で、馬祖の孫である。§13は、その南泉と、馬祖の法孫のひとり黄檗《おうばく》との間の「明見仏性」の問答で、さきの潙山がその問答を肴に弟子の仰山の力量を試みている話がそれに加わっている。

（そこでは道元は、明見仏性、すなわち見性を否定して「仏性明見」だといっている。仏性明見は『涅槃経』の「仏性現前」に同じで、時節因縁である。）潙山と黄檗の共通の師が百丈懐海で、§12の話の主人公である。

趙州の狗子《くし》仏性《ぶっしょう》はあまりにも喧伝されているが、右の諸師の問答商量《しょうりょう》と同じ一筋の線上にある。道元はこの問答を、狗子をかりて「鉄漢また学道するか」と問うているようなものだと評している。つまり、「仏性の道取問取は、仏祖の家常茶飯なり」というのである。馬祖の児孫が活発に仏性を商量していることを道元は仏祖の正道として高く評価している。この道元の評価は、近来の大宋国の修行者たちが仏性について問答無用とみなしていることへの批判と表裏をなすものである。道元はいう。

おほよそ仏性は、いまの慮知念覚ならんと見解することさめざるによりて、有仏性の道にも、無仏性の道にも、通達の端を失せるがごとくなり。道取すべきと学習するもまれなり。しるべし、この疎怠は廃せるによりてなり。諸方の粥飯頭《しゅくはんとう》、すべて仏性といふ道得を、一生いはずしてやみぬるもあるなり。

あるいはいふ、「聴教のともがら仏性を談ず、参禅の雲衲《うんのう》はいふべからず」。かくのごとくのやからは、真箇是畜生なり。なにといふ魔儻の、わが仏如来の道にはまじはりけがさんとするぞ。聴教といふことの仏道にあるか、参禅といふことの仏道にあるか。いまだ聴教・参禅といふこと、仏道にはなしとしるべし。（§9、龍樹の「円月相」

の末尾。因みに「円月相」は仏性空を画にあらわした図といってよいが、在宋の折、道元は雲衲が誰もその意味を知らなかったのをなじっている。）

〔七〕　趙州には、他にも仏性を拈提《ねんてい》した話がある。道元はこれを『正法眼蔵』栢樹子《はくじゅし》の巻でとり上げている（仁治三年五月菖節の示衆）。道元の趙州に対する敬意はなみなみでなく、雲居のことばにしたがって「趙州古仏」とよんでいる。その「一生不離叢林」を範としているのである。栢樹子の話は「如何なるかこれ祖師《そし》西来意《さいらいのい》」に対する答え「庭前栢樹子」によって有名であるが、それにつづけてなされた次の問答がここの主題に関わっている。ある僧が趙州に問うた。「栢樹にまた仏性はあるやいなや」。「有る」。

僧「ではいったい何時成仏しますか」。

師「虚空が地に落ちるのを待って成仏する」。（待虚空落地）

僧「では虚空は何時地におちるのです」。

師「栢樹子の成仏するときだ」。（待栢樹子成仏）

趙州はここでは有仏性の旗手である。道元は評する。

いはゆる待虚空落地は、あるべからざることをいふにあらず。栢樹子の成仏する毎度に、虚空落地するなり。その落地響かくれざること、百千の雷よりもすぎたり。……落地の虚空は……余人所不見なり、趙州一箇見なり。

虚空のおつるところの地……陰陽所不到なり、趙州一箇到なり。
虚空落地の時節、たとい日月山河なりとも、「待」なるべし。
たれか道取する、仏性かならず成仏すべしと。仏性は成仏以後の荘厳なり。さらに成仏と同生同参する仏性もあるべし。

ここにも「時節因縁」としての仏性の道理が示され、成仏と同参の仏性、すなわち修証一等ということが表明されている。

〔八〕 仏性論の掉尾をかざるのが長沙景岑の両頭の蚯蚓《きゅういん》である（§15）。長沙は南泉の法嗣のひとりで、趙州とは兄弟である。

竺尚書なるものが長沙にたずねた。「みみずを両段すると二つとも動いています。いったい何方に仏性はあるのでしょう」。

「莫妄想」。

「でも動いていますよ」。

「まだ四大が分解していないだけだ」。（風火未散）

莫妄想《まくもうぞう》は仏性有無論争を拒絶し、棚上げするように見える。それは仏性論の末尾におくにはふさわしい。しかし道元はそこで止まっていない。道元がここで問題としているのはむしろ「風火未散」である。それは生き死にとの関係であり、識神や心性を仏性となす論に対する批判である。

仏性は生のときのみにありて、死のときはなかるべしとおもふ、もとも少聞薄解なり。生のときも有仏性なり、無仏性なり。死のときも有仏性なり、無仏性なり。風火の散未散を論ずることあらば、仏性の散不散なるべし。たとい散のときも仏性有なるべし。仏性無なるべし。たとい未散のときも有仏性なるべし、無仏性なるべし。しかあるを、仏性は動不動によりて在不在し、識不識によりて神不神なり、知不知に性不性なるべきと邪執せるは、外道なり。

この一節は、Aの第二段の、「いたづらに風火の動著する心意識を、仏性の覚不覚了とおもへり」という邪見批判に呼応する。積極的にいえば、長沙の「風火未散といふは、仏性を出現せしむるなるべし」。有とも無ともいわないで、かえってよく仏性をあらわしているというのである。

〔九〕　以上で、道元の拈提は終わるが、結びにいわく、

向上に道取するとき、作麼生ならんかこれ仏性、還委悉麼（また委悉するや）。三頭八臂。

三頭八臂は三面六臂でもかまわない。一筋縄ではいかないぞという警告である。

四　むすび――道元の仏性観

以上、有仏性・無仏性の論議を通じて、道元の仏性観は既に明らかになったと思われるが、そこでたびたび指摘したように、その仏性観は、A序節に掲げられる『涅槃経』の二種の文に対する道元独自の解釈、すなわち、§1の「悉有は仏性なり」と、§4の「仏性は時節因縁なり」を二つの柱とするものと言ってよいと思われる。Bの諸段を、Aの論拠を禅の歴史に探るものと言った所以である。しかも、この二つの柱は当然のことながら、一つに重なる。すなわち、道元の強調する無仏性＝無常仏性は直接的には仏性時節因縁観とむすびつくが、その根底にあるのは「悉有は仏性」「諸法は実相」という現成《げんじょう》公案《こうあん》の理である。「悉有は仏性」ということが、むしろ、仏性有りということを拒絶するのである。無仏性だから、悉有仏性は「悉有は仏性」と読まなければならないのであった。そして、既に悉有が仏性であり、「仏性かならず悉有」であるから、「仏性義をしらんとおもはば」「当に知るべし、時節因縁これなり」、「すでに時節至れり」「なにの疑著すべきところかあらん」、これ「仏性の現前なり」と読まざるを得ない。時節因縁はつねにそこにあり、仏性は必ず現前している。

ここで「仏性現前」という句が、『眼蔵』では仏語のように扱われているが、実はそれ自体が道元の思想をあらわしている。すでに指摘されているように「欲知仏性義」云々は『涅槃経』から直接引用しているのではなく、百丈の潙山に与えた語を利用して、しかも、その末尾の一句「其理自彰」を替えたものである（だから、後の説明中でも、「時節すでにいたれば、これ仏性の現前なり。あるいは其理自彰なり」と言っている）。無仏性の系譜でみたのと同じ独自のよみこみがそこにあるわけで、「仏性現前」はしたがって、「悉有は仏性」と直接つながるのである。

ところで、「仏性現前」というのは、仏性が常住ということではない。仏性が不転・不変易ということではない。ここで、「現成公案」の巻の末尾にある麻谷宝徹の扇をつかう話が想起されるが、仏性現前とは成仏・作仏である。仏性は成仏と同参であり、「証せざるには得ることなし」であった。つねに作仏するということは転であり、変易であり、無常である。転とはまた、はたらきである。作仏するはたらきとは、発心・修行・菩提・涅槃することである。したがって、

おほよそ有覚無覚の発心するとき、はじめて一仏性を種得するなり。（『正法眼蔵』発菩提心）

といわれる。

このように仏性をたえざるはたらきとみることは、当然に心性実在説の否定につながり、また、いわゆる見性の否定ともなる。その直接の動機は、「近頃の大宋国の杜撰のやから」

の言動に対する批判にあった。『眼蔵』の「説心説性」の巻では、大慧宗杲の説心説性観を難じて、

性は澄湛寂静なるとのみ妄計して、仏性・法性の有無をしらず、如是性をゆめにもいまだみざるによりて、しかのごとく仏法を辟見せるなり。

と言い、同じく「山水経」の巻では、

説心説性は仏祖の所不肯なり、見心見性は外道の活計なり。

と教えている。見性については、宋の三教一致説において、「釈之為㆑教、其要在㆓見性㆒」といって、これを儒教の「誠意」、道教の「虚心」と同一視しているのを咎めて、

仏法いまだにその要見性にあらず、西天二十八祖、七仏いづれの処にか仏法のただ見性のみなりとある。(『眼蔵』四禅比丘)

といい、つづけて、

六祖壇経に見性の言あり。かの書これ偽書なり、附法蔵の書にあらず、曹溪の言句にあらず、仏祖の児孫またく依用せざる書なり。(同上)

と言っている。この見性批判は六祖の弟子南陽慧忠の語にもとづいているのだが、若干の見当ちがいもある。慧忠の批判は、

南方の連中が、見聞覚知の性を心性といい、この心性を不生滅なりとして身の無常と対比させ、即心是仏と言っているのは先尼外道の説(『涅槃経』巻三七に見える)にか

わらない。かれらは『壇経』を改換して聖意を乱し、後来のものを惑わしている。これでは吾宗は亡びる。見聞覚知が仏性ならば、維摩（浄名）が「法は見聞覚知を離れる」と説くこともなかったろう。

というもので、これは『眼蔵』即心是仏の巻に委しい。『六祖壇経』の形成には複雑な歴史があり、その改換、添糅がそのまま禅宗形成の重要な一コマを演じているようであるが、見性の語は改換以前から存在したもので、そもそも曹渓慧能の主張したことであったらしい。ただし、慧忠のいうとおり、その性を実体視し、絶対視する傾向が新たに起こってきたということで、この南方の徒というのは牛頭宗の人々でなかろうかと推定されている（柳田、文献(5)）。総じて江南から嶺南にかけては、『涅槃経』の影響がつよく、慧能その人も元来、『涅槃経』を旨とする仏性論者であったのが史実のようである（五祖の「無仏性」をはねかえした方にその本領がある）。頓悟ということも『涅槃経』の仏性義と不可分の関係があり、馬祖にはじまる洪州宗にしても、その意味では全く同じ仏性観の土壌から生まれたもののようである。慧忠に批判された徒のいう「即心是仏」は馬祖もまた好んで使用した語である。ただ、馬祖の仏性観は、宗密あたりに仏性作用説とみられていたということであるから、これが右の心性不滅の実体説に対する批判としての、南方でのさらに新しい運動となったのであるまいか。すなわち、四祖以来の無仏性の系譜をつくり上げたのは洪州の徒（神秀と六祖を争った慧能の偈の第三句を「仏性常清浄」から「本来無一物」

のである。

に換えたのも多分同じ）であったと思われる。道元の立場は、いみじくもそこにつらなる

心性常住批判は『眼蔵』のあちこちに散見し、つねに先尼外道の見に同じとされているが、「弁道話」の十八問答中でもその第十問答にとり上げられている。そこでは、この「心常相滅の邪見」に対し、

しるべし、仏法にはもとより身心一如にして性相不二なりと談ずる、西天東地おなじくしれるところ、あへてたがふべからず。

と教え、さらに、

しるべし、仏法に心性大総相の法門といふは、一大法界をこめて、性相をわかず、生滅をいふことなし。菩提涅槃におよぶまで、心性にあらざるなし。一切諸法、万象森羅ともにただこれ一心にして、こめずかねざることなし。このもろもろの法門、みな平等一心なり。あへて異違なしと談ずる、これすなはち仏家の心性をしれる様子なり。

と誡している。ここでは「心性」の語は否定しないで、いわば諸法実相的に積極的に規定している。「心性大総相の法門」は『起信論』の「一法界大総相の法門」をうけたもので、全体の説き方、起信・華厳的世界の色が濃い。同種の表現は、「海印三昧」の巻で、

仏性海といひ、毘盧蔵海といふ、ただこれ万有なり。

にも示されている。これは直ちに「悉有は仏性なり」と言い換えてもよい句であるが、同

時に、この起信・華厳的世界は天台本覚の法門にそのままつながるようにも見うけられる。しかし、同じ巻で道元は、それが本覚法門とは異なることを、次のように明白にのべている。

いまの道（「海印三昧」の句を含む仏言）は、本覚を前途にもとむるにあらず、始覚を証中に拈来するにあらず。おほよそ本覚等を現成せしむるは、仏祖の功徳なりといへども、始覚・本覚等の諸覚を仏祖とせるにはあらざるなり。

諸法実相観において、したがって「悉有ハ仏性ナリ」という面で、本覚法門と共通する地盤に立ちながら、道元が本覚法門と隔絶するところは、時節因縁として現前する仏性、無常仏性にいつもすわりをおいていたということにある。くりかえしになるが、それは道元の根本のすわりであるところの本証妙修、証上の修にほかならない。もう一つ、加えるならば、仏性現前なる証上の修とは「行仏の威儀」である。

参考文献

仏性・如来蔵については、

(1)　高崎直道『如来蔵思想の形成』春秋社、昭和50年

『起信論』については、

(2) 平川彰『大乗起信論』(『仏典講座』22) 大蔵出版、昭和48年
中国・日本の仏性論争については、
(3) 常盤大定『仏性の研究』昭和5年(再刊、国書刊行会、昭和52年、禅宗の仏性観についてはは全くふれていない。)
本覚法門の歴史に関しては、
(4) 田村芳朗「天台本覚思想概説」(『天台本覚論』〔日本思想大系9〕昭和48年、所収)
初期禅宗の形成過程については、
(5) 柳田聖山『初期禅宗史書の研究』法蔵館、昭和42年
道元の仏性観については、
(6) 秋山範二『道元の研究』岩波書店、昭和10年(その本論第一篇存在論第一章実体論の否定で、先尼外道及び大慧宗杲の批判の扱い、第二章心で慮知心と三界唯心を論じた後、第三章仏性を、一、存在の根拠としての心、二、有仏性、三、無仏性、四、無常仏性の順で論じ、「有仏性(悉有仏性)は存在を空間的に見て、空間内の全存在をあげて仏性の現成とみるのであるが、無常仏性に至って、之を時間的に見、尽時を通じて生滅去来する全存在を直ちに仏性とするのである」と述べている。そのあと、問題は当然のことながら、第四章有時(時間)、第五章生死、第六章因果と及んで、存在論をむすんでいる。仏性問題が道元の思想のかなめであることがよくわかる、最もまとまった研究である。)
(7) 梅原猛「倫理と神秘の間——道元の思想」(高崎共著『古仏のまねび〈道元〉』〔『仏教の思

想』11）角川書店、昭和44年、第三部二章）

(8) 『正法眼蔵仏性』の巻については、

寺田透・水野弥穂子『道元』上（日本思想大系12）、岩波書店、昭和44年

(9) 西尾実・鏡島元隆・酒井得元・水野弥穂子『正法眼蔵・正法眼蔵随聞記』（日本古典文学大系81）、岩波書店、昭和40年

（頭注は両者併用がのぞましい。）

和訳も幾種もあるが、代表として、

(10) 玉城康四郎『道元』（『日本の名著』7）中央公論社、昭和49年

V

悉有仏性・内なるホトケを求めて

一　仏教は霊魂を認めない

先頃、さる仏教雑誌から求められて、「霊のたたりはあるか」という質問状に回答させられた。これは言うまでもなく、最近、霊感商法とやらがはびこって、先祖やら身内やらの霊の祟りにおそれおののく善男善女をおどして、法外に高価の物品を押し売りするのに対する対策として、多くの読者の期待に応えようとする企画であったようである。

四十名を越す回答者――仏教学者や各宗の指導者たち――の大多数がそれに対して否定的な答えを出した――つまり、仏教の見解では、霊魂なるものはないという――のについて、これまた意外なという感想が、さる新聞に載っていたのを見た。

筆者もまた、仏教の根本では霊魂なるものの存在は認めていないこと、ましてや、他者の死霊が怨念を他者にのこすことなどは、業の説の基本――自業自得――に照らしても有りえないことを述べた。ただし、仏教では、悪業の果を他者におしつけることは認めないが、善業の果報を他者にふりむけることは、回向の名で、認められ、むしろすすめられていることも附記しておいた。

自業自得ということと、おのが善根を他者に施すという回向の思想とは理論的には両立しない。また、霊魂つまり、死後もなお現世と同じ個体性をもって存続し、輪廻転生する存在を認めない――これは無我の説にほかならない――ことと、自業自得すなわち過去あるいは現在の業の果報を今世あるいは来世（あるいはそれ以降）に自分が受けるということとも矛盾する。そもそも霊魂の存在を認めないとしたら、仏教は何をもって目的としているのか。修行して悟るとか、阿弥陀の浄土に往生するとかいうが、何がさとり、何が往生するのか。あるいは死者を供養するのに何の意義があるのか。さらに、仏とはいったい何であるのか。

こうした疑念が出てくるのも当然であろう。

仏教としての回答は、一つには業によって輪廻する在り方は間違った在り方として、その超克の上に理想界、涅槃を置くこと。仏とはこの涅槃をその在り方とする存在で、それだけが真実の在り方をなす者であり、その状態になることを目標とするのが仏教だということになる。輪廻する在り方が間違った在り方だということは、輪廻・業は真実在ではないということで、そこに霊魂の存在の否定が生ずる。この真実在でないことが、また、空という言葉で表明されているのだが、事実としてそこに生きた人間がおり、生死の問題で苦しんでいることまでは否定しないし、できない。どうして人生が苦であるかの説明として、煩悩・業・輪廻という因果関係を想定したのが古代インドの仏教徒であった。そして、その苦の原因を心の在り方に求め、最終的に各自の潜在的な意識の中に構造的にくみこまれているとして、アーラヤ識を想定した。アーラヤ識は霊魂ではないが、人はそれをアートマンつまり不滅の霊魂と誤認し、そこに我執を生み、我執がさらに所有欲（我所執）を生み、それが翻って苦をもたらしているとするのである。

アーラヤ識はこのように過去世の業を構造的にくみこんだ潜在意識であると同時に、時時刻刻、対象を認識しては新しい業をつくっている。つまり、輪廻の必然性がそこに由来すると考えられているから、もし人が涅槃を求めるときには、このアーラヤ識を根元から改造しなければならない。この改造のためにはヨーガの修行という大努力精進を要する。つまり、人は（衆生はというべきであるが、現実にそれを問題としているのは人間であるから、以下、人間をもって衆生を代表させる）自然状態にあっては生死輪廻の苦海に呻吟するだけである。その自己改造こそが喩伽行の目的にほかならないとするのである。

こうみると、仏教は人生を全く無価値なものと見ているように受けとられるかも知れない。無我ということは個人存在の価値を否定するものであり、人間の尊厳性を無視していると思われるであろう。しかし、事実はそうでない。むしろ、自然状態のままでは無価値であろうとも、一念発起して菩提を目ざし、涅槃を願求するのもまた人間自身である。その力はどこから来るのか。
アーラヤ識を基本とする唯識の学説を打ちたてた瑜伽行派は、その力を、一応、仏の教えを聞くことを繰り返すうちに、その聞法の効果がアーラヤ識に薫習し、それが次第に積って、発心、修行させるはたらきを起こし、やがて最後には菩提、涅槃を得るに至るとする。これを「聞薫習《もんくんじゅう》の種子《しゅうじ》」とよび、煩悩や業を生まないから無漏すなわち、汚れがないと規定する。

これでみると、人は誰でも聞法、修行すれば悟れるように思われるが、瑜伽行派はあくまで現実直視の立場を貫くので、人々の中には、涅槃を得やすいものもおれば、逆に全く涅槃を望めないものもいるとした。後者にはとくに仏の教えに耳を傾けようとせず、あるいは進んで仏教を誹謗するものなどを想定しているのである。こうなると、悟りあるいは涅槃の獲得の可能、不可能に、一種先天的な能力の差異があることになる。この一種先天的とでも言うべき能力を、〈種姓《しゅしょう》〉とよぶ。丁度、氏素姓という時の「素姓」「素性」がそれに近い。そして、種姓の区別を論ずるときには、しばしば、声聞、独覚、菩薩の三乗の区別の根拠に充てられ、さらにその何れかの未定のもの、その何れの能力もないものという五種の種姓がたてられた。現実の人間の能力からみて、また、過去世の業の影響力からみて、そのような差があるのはやむを得ないとするのである。そして、『法華経』のように一乗と説くのは、せいぜいが三乗の何れかにまだ決定していない者たちを、大乗にひき入れるための方便説にすぎないと主張した。

実は瑜伽行派では、元来、そうした生得の能力の差を強調することにその主張の目的があったわけではなく、修行によってそのような悟りの能力が次第に身につくこと、したがって（三阿僧祇劫というような）長い時間をかけて修行をくりかえすうちには、誰もが悟りに近づくことが出来るという考えをもっていたようである。その代わり、発心、修行しなければ、さらに出発点において、聞法の意志をもたなければ、それこそは「縁なき衆生」であって、正にそれらは「度し難き」存在と考えたものである。

二　如来蔵、仏性の説

瑜伽行派がその精密な唯識理論を打ちたて、われわれの迷妄の根元を説明したのに先立って、大乗仏教の中には、悟りの可能性をもっと積極的に考え、主張するグループが現われた。そのグループは、瑜伽行派のように人脈が明白には知られないけれども、古くは『法華経』の一乗思想につらなり、『華厳経』の法界の思想をうけ入れ、また、それらや、とくに『阿弥陀経』等に見られるような仏に対する人格的な崇敬に根ざす、いわば仏に対する信仰を、瑜伽行の実践以上に強調するグループに関わっているように思われる。このグループは、仏の慈悲の力、利他の誓願を根拠として、すべての衆生が、仏となる。すなわち悟り、涅槃を得る可能性をもっていると主張した。いわゆる〈如来蔵〉〈仏性〉の主張である。この教えは『如来蔵経』から『勝鬘経』や『涅槃経』へと展開した。

如来蔵というのはいささか解りにくい名であるが、すべての衆生（六道に輪廻するすべての存在）に差異なく、「如来が蔵《かく》されている」という意味がこめられている。蔵されているというのは、内に在って、しかし、外からは見えないということ、外から見えないというのは、如来としてのはたらき（悟りにもとづき、衆生救済のための利他業をなすこと）が示されていないということである。それはそうである。衆生は迷い苦しんでいる存在で、如来、仏ではないのだから。このように現実には仏ではないが、しかし、仏と同じ本性を具えているということで、この仏と同じ本性という意味を強調するとき、「仏性」ということばが生まれた。『涅槃経』のいう「一切衆生、悉有仏性」である。

ところで、この宣言は、仏教徒の間にかなりのセンセーションをまきおこしたようである。衆生に内在する仏性、それも生死にかかわりなく、不生不滅な何ものかが、有るということは、仏教の基本命題である「無我」と真向から抵触するように見える。厄介なことに『涅槃経』はこの仏性（如来蔵）を時に「我」とか「大我」とか呼んでさえいるのである。一方、『勝鬘経』や『楞伽経』では、如来蔵は外道のいう我ではないということを頻りに言うが、これは如何にも弁解がましく聞こえる。後世の中観派は如来蔵、仏性の説に対し、衆生を救うための方便の説として、これを「未了義」説と認定した。アーラヤ識の存在を主張する瑜伽行派の唯識説に対しても同様である。中観派は仏教の求める究極的な義理は一切の言語的規定を超えたもので、そのことを表明する一切法空という言葉（空性ということ）ですら、それに固執することを拒否した。ましてや、何らかの形で「有り」と表明する主張は、方便でないとすれば、外道の説でしかない。

この批判はしかし、如来蔵、仏性の説に対する誤解である。中観派が派祖と仰ぐナーガールジュナは、空性説をもって大乗仏教の基本であることを確立した人であるが、如来蔵とかアーラヤ識の説については何も言及していない。それはこうした個人存在についての考察がナーガールジュナの後に生まれた新しい学説であることを示している。かれによって確立された空性の説を引きつぎながら、かれがまだ考察に及ばなかった課題を解明する必要から生み出された解答が、この如来蔵、仏性であり、アーラヤ識であったのである。

その要請というのは何であったかというと、一切法は空なりと悟る主体（それは現にまだ悟れないで迷い苦しんでいる存在と別物ではない）はいったい何かということである。もちろん、迷悟の主体といえども空性の埒外に出るものではない。にもかかわらず、迷悟の事実を重視すれば、一切法として客体視されるものとは異なった角度からの考察が必要となる。前にも述べたようにアーラヤ識は迷っているという事実認定からはじまって、迷う主体の構造を明らかにし、それを縁起する心（十二縁起説の第三識支）に見出し、その他の一切は、その心に描き出された影像にすぎないとした。そして、その心の改造、転換にさとりの可能性を見出したのである。

如来蔵、仏性の説はそれとはまた一つ異なった角度から考察をすすめる。そこでは、主体を含めた一切法の空ということを、迷いの世界に属するものに限定し、さとりの世界はそれを超越した存在として、その実在（不空）を強調する。そのさとりの世界というのは、一つには真如、法界という「理」で、これには縁起、空性といった表現も含まれる。それは仏のさとり体験の有無にかかわらない（「如来世に出づるも出でざるも変らない」）真理、法として確立していることである。いわばそれはさとられた真理である。それと並んで、それをさとった仏が、実在とされる。さとるということは、そのさとられた真理と一つになることとされるのであるから、真如、法界と仏という二つの実在があるのではなく、むしろ仏というさとりの主体に、真如、法界が含まれた形で、唯一の実在とされるのである。これはもともと「如来」ということばの解釈の中から生まれた考えであるが（如来＝如に来至したもの＝如と一つになったもの）、教理の確立によって「法身」の名でよばれるようになった（法身も元来、法を身体とする者の意で、仏を表現することばの一つ）。この法身は、理としての真如、法界に、さとりという契機を加えたもので、さとりは智（般若波羅蜜）で代表されるので、「理と智とが不二なる法身」とも称される。これが如来蔵思想における究極の実在である（唯識説ではこれに対し、理としての真如、法界の絶対性を強調する。そこでは智は、アビダルマ学の伝統にしたがって、無漏つまり煩悩にけがれてはいないが、有為つまり生滅変化するもの、縁起するもの、の世界に属するものとされる）。
仏・如来の実在視、絶対視というのは、実はこのような理論的説明以前から、仏教徒に実感として存在したものである。その端的な表明としては、『阿弥陀経』などに見られる阿弥陀仏に対する信仰があり、また『法華経』などに見られる仏（釈尊）への渇仰がある。これは大乗仏教のそもそもの出発点にあった宗教的情感と言ってよく、その意味で、如来蔵、仏性の思想は大乗仏教の原点にその根をもつと言ってよい。

この大乗の仏陀観というのは、その特色を一言で言えば、衆生救済者ということになろう。それは「仏」よりも「如来」ということばにこめられている。少なくとも漢訳者の与えた「如来」の訳語にその意図が示されている。すなわち、如来とは「如より来至したもの」、利他・覚他のために、一度入った悟りの世界（真如、法界）から再び、この世に還って来られた方というのである。そして、そもそも、仏が悟ったのも、この利他行を果たすためであった（衆生済度の本願）と、目的的に語られるのである。

この衆生済度、利他・覚他の如来のはたらきが、完全であるとすれば、それが衆生の側に当然反映してくる道理で、如来の慈悲が深ければ、衆生は必ず覚らされねばならない。少なくとも仏の側から見れば、そこに例外はない。三界の衆生は悉く仏子であり、その衆生にさとりの契機を与えるべく如来はこの世に出現した（『法華経』）。もし、何らか、悟りをさまたげるものがあるとすれば、それは衆生の側の過失でしかない。たとえば、謗法。

そこまでいかなくても、如来の教えに対して耳を傾けず、受け入れないこと。そこで、この仏の教えを信解することが、仏道修行の出発点とされる。何を信解するかといえば、それは「あなたは悟れる」という仏の予言（授記）である。

『法華経』によれば、右の予言は摩訶迦葉などの仏弟子衆にとっては大変な驚きであったとされている。これは、仏と仏弟子との間に絶対的懸隔をおく、当時のアビダルマ仏教に対する批判者としての大乗仏教の姿勢を示している。アビダルマの仏教によれば、仏弟子には仏弟子の道（声聞乗）があり、他方、仏になれるのは菩薩だけに限られていた。菩薩というのは仏の前身に対する名で、さとりが確定していた衆生（覚有情）である。

大乗仏教はこの菩薩を不特定多数に拡大したわけで、人は誰でも仏と同じ無上菩提に向けて発心出来るし、発心すればそれは菩薩であった。仏弟子といえども、発心すれば菩薩である。ましてや、弟子の道を完成する（阿羅漢になる）といったわき道にまだ入っていない凡夫にとっては、仏の教えを信解して発心することに、より素直に入れる。蓮華は澄んだ高原の水よりも、むしろ泥田の中でこそ花開く（『維摩経』）。

三　すべての存在の尊厳性

大乗仏教はこうして、如来の実在性、絶対性を前提に、衆生の救済を保証し、出来るだけ多くの衆生が菩薩となることを勧奨したのであるが、その菩薩とはいうまでもなく、如来の前身であるから、自利と利他の両面を具えた存在でなければならない。むしろ、如来において強調されたと同じように、衆生済度の誓願と、利他行の実践にこそその本領がありとされた。つまりは、「自未得度、先度他」(『涅槃経』)とか、己れの菩提の功徳を他者に回向することに菩薩の、したがって衆生の理想像が見出されたのである。

如来蔵、仏性の思想というのは、この大乗経典の各処で説かれている菩薩像の普遍性を理論的に説明しようとするもの、つまり、衆生の成仏の根拠を問う思想である。

当然のことながら、その理論的根拠は如来の絶対性と慈悲業に求められている。すなわち、

㈠、如来の智慧は遍く衆生のすべてに及んでいる(如来は衆生のすべてを知っている)

それ故、

㈡、如来と衆生との間に、本質上の差異はない

したがって、

㈢、衆生は如来の種姓があると見て、果たる如来を因たる種姓の中に想定して経典は、「一切衆生はその内に如来を蔵している」(あるいは、一切衆生は如来の胎児を有している)と教えているというのである(『宝性論』)。

ここでは、『華厳経性起品』の教説がその下敷きとなっているのであるが、如来の絶対

性を、真実を悟っていること（如理智）と、すべてを知っていること（如量智）の両面に見出し、これを無分別智と後得世間智にあてはめ、自利と利他、智と悲にあてはめている。ただし、智の普遍性から、衆生にも如来智が内在していると説くことについては、インド的な思惟として少し説明が入用であろう。端的に言えば、それは梵と我の関係としてインド正統派の思想が教えるものと、構造的には全く同一である。つまり、梵が普遍的存在であるということは、我として、すべての現象に内在していることという絶対者内在論である。この点が如来蔵、仏性思想の外道との類似点として、とかくの批難をうける点である。

ただし、仏教としては、これは理の事への内在性として説明される。この場合、事とは一切法であり、理とは一切法に通じる理《ことわり》としての縁起の道理で、これを法界と称する。具体的に言うと、色、受、想、行、識という名で分類される一切法は、すべて縁起したものであり、無自性空であるが、この「空であること」（空性）は色などの諸法の他に別にあるわけではなく、色などがそのまま「空なること」である（「色即是空、空即是色、受想行識亦復如是」『般若心経』）。ここで、色、受、想、行、識（あるいは十二処、十八界）は「事」としてそれぞれ「空」であるから、「空であること」は色以下の一切に普遍的にみとめられる。この空性が、法界（諸法の根元）であり、それを悟り、それと一体となったのが仏、如来であるから、如来は法界の普遍性と根元性を体としているし、衆生もまた「法界の外に出るものではない」。この衆生の内なる法界こそが、仏となるための因であるとして、これを「仏の因」の意味で「仏性」と称する（「仏性」の「性」と「法界」の「界」は梵語では同一で、基体、根元、本性といった意味をもつ）。それはさとりの既末にかかわらず同じであり、法界として、すべての衆生に普遍的に具わっている。これが衆生の内なる仏である。

しかし、さらに具体的に言うと、衆生の内なる仏とは何か。それに対する答えとしては、「自性清浄心」という答えがかえってくる。汚れがなく光り輝いている心、というのである。その心は、しかし、どこにあるか。教理的にはそれはアーラヤ識のさらに背後にあって、心の転換によって、文字どおり、光り輝いて現われ出るとされる。しかし、存在論的にこれをアーラヤ識の更に奥に想定するというのは誤解を招く。理論的にはそれは「無常であること」「無我であること」「空性」「縁起していること」という理に他ならないとだけしか言いようはない。ただし、仏教は、その理は体をとって顕われるとも教える。では、衆生において、それはどのように顕われるか。それは一言でいえば仏心であり、慈悲心、利他の心として機能すると言うべきであろう。

何故、仏性有りと教えられるのか。すべての仏説は方便である（絶対的真理は自内証のもので、言語をもって詮表できない）という立場からいうと、如来蔵、仏性説ももちろん方便説であり、有目的である。その教説の目的として語られるところでは、

(一)、自分は悟れないとひるむ心に対し、仏性有りといって勇猛心をおこさせる。

(二)、自分は悟れるが、他は駄目だとあなどる心に対し、すべての衆生に仏性ありといって、他の衆生を尊敬させる。

(三)、虚妄のものの実在を信ずるのに対し、般若の智によって、その空であることを示し、

(四)、実有の存在を誹謗するのに対し、如来の後得の智によって如来の徳性の存在を明かし、

(五)、我執に対しては、慈愛心によって自他平等の念を植えつける。

とある（『宝性論』）。如来蔵、仏性の自覚とは、如来としての自己実現にほかならず、それは自他平等の菩薩行として示される。菩薩行として具現しないかぎり、仏性は有るといっても、無きにひとしい。それはたえず自己検証を迫られるものである。

仏性を説くことは現代にとって如何なる意義があるか。これが編集者の筆者に要求する点であろう。その現代的意義を問う以前に、どうも歴史的由来の説明に多くのページを費しすぎたようである。

仏性、如来蔵をもし現代的に言えば、人間の尊厳性ということになろうか。この尊厳性は自らにそれを認めることよりも、他者にも同様にこれを見出すことに、より大きな意義があるといえよう。しかし、一方で無我の教えが、しばしば滅私奉公にすりかえられるような風土にあっては、個人の価値の自覚もまた大切なことのようである。こんなことを戦後五十年たった今でも言わなければならないのはいかがかと思うが、互の個の確立と、尊

厳性の確認の上に立つ利他行の実践ということが、今日もっとも求められていることであろう。あわせて、人間のみならず、衆生一般に、つまり動物にまでこれを拡大し、さらには非情の世界――地球という環境世界、われわれの足場――にわたって、すべての存在の尊厳性をみとめ、大切にするという心構えも、仏教精神、とくに中国、日本の草木国土悉皆成仏観から言っても大事なことであろう。そういう心の内発性を、仏性とよぶのである。

釈尊の原像

一

わたくしども日本の仏教徒はブッダつまり仏教の開祖のことを「釈尊」と呼んでいる。いや、釈尊というのは多少改まった言い方で、普通は「お釈迦さま」、もっとくだけて「おしゃかさん」という。一方、日本人一般には「釈迦」（しゃか）という名で敬称なしに呼ぶのが普通であろう。わたくし自身も、文字に書くときは「釈尊」だが、話しことばでは「おしゃかさん」となるらしい。これにはかなり親しみがこもっている。

わたくしと「おしゃかさん」との付合いはかなり古い。わたくしは数え年三歳で、今いる寺に住むこととなった。御本尊が釈迦如来であるから、毎朝お目にかかって手を合せた筈であるが、それはただ「ほとけさま」であって「おしゃかさま」とは意識してはいなかったろう。何より森閑とした本堂は親しみのもてる場所ではない。子供にとって親しみのあったのは花祭りの灌仏像で、花御堂の中の右手を挙げた小さなお釈迦さまに甘茶をかけてお参りするのは毎年のたのしみであった。

小学校の国語の教科書には、以前は「釈迦」という一章があったが、わたくしの学年から改訂されて、「修行者と羅刹」の題で、雪山童子の施身聞偈の話（『大般涅槃経』巻一四）に代った。諸行無常の偈が「いろは歌」に置きかえられていた（もちろん、「いろは歌」は前者にもとづいて作られたとされている今様うたである）が、先生がどんな説明をしたかは覚えてはいない。それはおしゃかさまのイメージともあまり結びつかなかった。

その話を習った五年生ごろから、父はわたくしを小僧として仕込むべく、お経を教えはじめた。曹洞宗の寺では毎朝、本尊様への諷経（仏殿諷経《ふぎん》）のほかに「祖堂諷経《そどうふぎん》」と言って、過去七仏にはじまり、菩提達磨に至る「西天二十八祖」以下、「東土の六祖」を経てわが道元禅師におよび、さらに寺の開山に至るまでの嗣承と、寺の歴住の名を読みあげて回向し、正伝の仏法の伝灯を確認する。釈尊はここでは、一つには現座道場の本尊としての「大恩教主本師釈迦牟尼仏」として、第二には「仏祖」のひとり「釈迦牟尼仏大和尚《だいおしょう》」として、二役を荷っている。後者はいわゆる「拈華《ねんげ》微笑《みしょう》」の伝説、すなわち、釈尊の拈華に、会座《えざ》の中でただひとり魔訶《まか》迦葉《かしょう》だけが微笑をもって答え、釈尊から「正法眼蔵《しょうぼうげんぞう》、涅《ね》槃妙心《はんみょうしん》」を付属されたという禅宗の伝灯に関わる起源伝説に基礎を置いている。

わたくしはこの「三国伝灯歴代祖師」の師資相承に大へん興味を抱いた。中学生になって、得度のとき与えられた血脈を逆に辿っていくと釈迦牟尼仏にまで達する。そこには現代に至る二千五百年の歴史が具現しているのである。それはちょうど、天照大神にはじまる万世一系の天皇の系譜と似ている。日本人にとって天照大神は共通の先祖だと、その頃は言われていたが、どこの馬の骨かわからぬわれわれ庶民にとってはそのような実感はない。しかし禅宗の伝灯は紛れもなく御先祖釈迦牟尼仏まで辿れるのである。これは素晴しいことだ。わたくしは家にあった古ぼけた人名辞書の仏教諸宗系譜の中にわたくしに至る血脈を書き入れて満足した。

禅宗の掲げる伝灯は、万世一系の皇統譜と同じく、途中までは神話にすぎないと、後で知ったが、わが身の存在が釈尊につながるという実感は、わたくしの釈尊観にとっての原点になっている。その釈尊は超越的なブッダというよりはかなり人間味のある存在、おしゃかさんなのである。人間釈尊の偉大さはわたくしにとって、その人間洞察の素晴しさと感ぜられるのであって、必ずしもその神秘性とか神話的超能力にあるのではない。こうした見方は、わたくし個人のものというよりも、近代的合理主義の教育のおかげであって、伝統的な禅宗の教育とはちがうであろう。しかし、「釈尊」ということばに超越的イメージの少ないことも事実である。そして、それはブッダの原像に割に近いと思われる。

二

わたくしに編集者から与えられた課題は、「釈尊の原像」である。原像といっても歴史的人物としての釈尊の生涯を描くことではないらしい。むしろ教祖釈尊ないし大恩教主釈迦牟尼仏というイメージがどのようにして展開したかを辿り、その原点を探ることが主眼と思われる。それを承知で、わたくしは自分の少年時代にもったイメージから話しはじめた。ブッダ観としてはこのほかにもいろいろあろうが、しかし、それは如来とか、法身とか、後の教理的展開を加味して考えられるところであって、釈尊ということば自体のもつイメージというものは、意外に変化が少なくて、したがって、その原像へのアプローチも、それほどの難事ではなさそうに見える。以下、「釈尊」の語をめぐって、わたくし流の解説を試みてみよう。

三

「釈尊」というのは「釈迦牟尼世尊」の略称であろうと考えられている（中村元『仏教語大辞典』）が正確なところはまだつきとめられていない。用例としては唐の彦悰の『大唐大慈恩寺三蔵法師伝序』に「釈尊一代四十九年、物に応じ機に逗《とどま》り、時に適《かな》う之教」とあり、また、朝鮮では『三国遺事』に「自釈尊下至今至元十八年辛巳歳、已得二千二百三十矣」などとあるのが挙げられる。弥勒のことを慈氏尊、慈尊などともよぶので、「尊」が世尊の略とも断言できない。むしろ中国風の尊称かもしれない。ともあれ、われわれはこれを釈迦牟尼仏、釈迦如来と同義として用いている。その「釈迦」というのは、釈尊の出身の種族名、サキヤ（Sakya、あるいはシャーキャ Śākya、釈迦種、釈種、釈氏）をさすことは周知のことであろう。他方、牟尼（ムニ）とは「寂黙の聖者」の意と解され、釈尊の当時、俗世をはなれてひとり修行を積んだ威徳ある人々にひろく与えられた尊称であったといわれる。つまり、釈迦牟尼とは釈迦族出身の聖者という意味であり、世人が釈尊に奉った尊称であったと考えられる。

ところで、この釈迦牟尼という尊称は実際に釈尊在世時から用いられていたのであろうか。阿含経類、すなわち初期の仏教聖典を見ると意外にこの語の用例は少ない。その数少ない用例の一つは、『経集（スッタニパータ）』の次の偈である。

心を統一したサキヤムニ（釈迦牟尼）は（煩悩の）消滅・離欲・不死・勝れたものに到達された。

――その理法と等しいものは何も存在しない。このすぐれた宝は理法のうちに存する。この真理によって幸せであれ。（二二五）

（中村元訳『ブッダのことば』）

khayaṃ virāgaṃ amataṃ paṇītaṃ
yad ajjhagā Sakyamunī samāhito,
na tena dhammena sam'atthi kiñci —
idaṃ pi dhamme ratanaṃ paṇītaṃ
etena saccena suvatthi hotu/(*Sn.* 225)

これは釈尊の説かれた教えという宝（法宝）についての讃歎である。この詩を含む「宝」という一節は、『小誦経』として日常唱えられている経典中にも採り入れられていて、三宝についての詩としては古いものに属する。同じ偈は、説出世部の伝える仏伝『マハヴァストゥ』にも引用されている。〔この「サキヤムニ」について、ブッダゴーサは「サクヤムニとはサクヤ族の家に生まれた（Sakyakulappasūta）のでサクヤであり、聖者の法（moneyyadhamma）がそなわったのでムニである。ほかならぬサクヤなる牟尼がサクヤムニである」と説明している（村上・及川訳『ブッダのことば註』二六二頁―二六三頁「サクヤムニ」＝「サキヤムニ」）。〕

第二例は『長部』の「帝釈所問経」に見えるもので、

そも釈迦牟尼と知られたる／仏こそ人間世界にて／欲に克ちたる〔ひとり〕なり。

（『南伝大蔵経』二、三一四頁）

Buddho pan'Ind' atthi manussa-loke kāmâbhibhū Sakyamunīti ñāyati (*D.N.* II. 274)

とある。漢訳の『長阿含』でいうと（一四）「釈提桓因問経」の「摩竭国有仏　名曰釈迦文」とあるのがそれに対応する（『大正大蔵経』一、六四頁上）。

もう一つは『律蔵』の「附随」中、「等起の摂頌」とよばれる中に出てくるもので、

一切衆生の慈愍者、一切有情の最尊者、獅子たるアンギーラサ釈迦牟尼（Aṅgīraso Sakyamuni）は、三蔵を宣したまえり、経と論と大功徳ある律とを。（*Vinaya*, V. p. 66

『南伝大蔵経』五、一四六頁）

とある。ただし、これは『律蔵』中でもかなり後に成立したものであり、内容的にもすでに確立した教団におけるブッダ像である。なお、アンギーラサすなわちアンギラスの後裔という称号はゴータマという名ともむすびついて用いられているし、その由来するところを探ることも重要であるが今は問わない。

同じく南方上座部の聖典中での類似の用例としては『天宮事経』の中に（第五大事品、五三、チャッタ青年天宮、第一偈）、

人中の最勝者、釈迦牟尼世尊、所作已に成じ、彼岸に到り、力と精進とを見せるかの善逝に帰命せよ。（『南伝大蔵経』二四、五一四頁）

また、『譬喩経（アパダーナ）』中にウパーリの偈として（第七五偈）、

楽しきカピラヴァットゥにて、法雲をもて、釈迦牟尼よ、汝が鳴らせし其の時に、吾《われ》重荷より脱するを得たり。（『南伝大蔵経』二五、九二頁）

などがある。後のものは同じ釈迦族出身者のことばとされており、したがって釈尊と同時代のものとの設定も不可能ではない。

しかし、釈尊在世時からの呼び名としてはサキヤプッタ（Sakyaputta 釈子）あるいはサッカ（Sakka）の方がより可能性が高い。サッカは多分サキヤと同じで「釈迦族に属する」の意の俗語であろう。族称名からつくられた形容詞でその成員個人をあらわす例はい

くらでもある。また、サキヤプッタのように種族名の下にプッタ（息子の意）を付するのは当時の習わしとしてよく知られている。ジャイナ教の教祖マハーヴィーラ（これも尊称で、釈尊に対しても用いられている名の一つであるが）がニャータプッタ（ニャータ族の子）とよばれていたのもその例である。特に尊称というには当らない。そして、このサキヤプッタの名は、最もよく用いられていたよび名であるゴータマ（瞿曇《くどん》）とむすびつけても用いられている。たとえば、『中部』の第四一経（『サーレーヤカスッタ』）などに「釈迦族の子にて、釈迦族より出家せる沙門瞿曇」（Samano...Gotamo Sakyaputto Sakyakulā pabbajito）（*MN*. I. p. 285,『南伝大蔵経』一〇、一頁）とあるように（ただし、経文にはあとに「応供」以下のいわゆる十号が付してあるから、後の成立であることは明らかだが、はじめの部分だけは古いものと言えよう）。

　サキヤを冠した称号としては、他に「サキヤプンガヴァ」（Sakyapungava）があり（『経集』六九〇偈）、これもゴータマと結びつけて用いられたりしている（『譬喩経』三八八節八三偈）が、この「釈迦族の牡牛」という尊称は「釈迦族の聖者《ムニ》」というのと同じ程度の敬称であろうと思われる。要するに牡牛とか聖者あるいは大雄（マハーヴィーラ）などの尊称は釈尊だけに奉られた敬意の表現ではなく、当時ひろく用いられた尊称であり、したがってその使用はとくに釈尊の神秘化を示すものとはいえない。釈尊の名声が在世時にどれだけ広まっていたかによることであるが、釈迦族の人々にとっては、わが聖者、わが勇者

（牡牛）と、釈尊を誇りに思う気持が当時すでにあったとしてもおかしくはない。それは、カピラヴァットゥ近郊ピプラーワー出土の釈尊の遺骨壺に書かれた銘文、「釈迦族のものたちの〔所有にかかる？〕ブッダ世尊の遺骨」という表現にも感じられるし、また、ルンビニーのアショーカ王石柱に、「ここでブッダ・サキヤムニが誕生したといわれているので、潅頂二十年目に来て礼拝した」と刻まれていることとも関連があろう。因みに、この石柱銘文にあらわれるブッダ・サキヤムニの称は、サキヤムニの名の用いられた年代を限定出来る最初の史料である。

四

ところで、サキヤムニという尊称は右のごとくであるとして、これとブッダという尊称との結合はいつはじまったのであろうか。ブッダ（目覚めた人）という呼び名も、当時ひろく使われていたようだし、また釈尊自身には「法《ダンマ》を自覚《ブッダ》した」という意識はあったにちがいないと思われるので、弟子たちが釈尊をブッダと見なして尊敬したということはもちろんありうる。しかし、「ブッダ」をよびかけにつかうことはなかったし、また、釈尊その人についてその称号で記述する例も少ないようである。ブッダの称号が多用されるのは、やはり釈尊の入滅以後ということになろう。一つには教理上の問題として、ダンマ（法）との関連でブッダ（仏）ということの意義が次第に重くなったという点が見られる。いうまでもなく釈尊その人がまぎれもないブッダ、それも正しく悟った人（サンブッダ、サンマーサンブッダ）として位置づけられてくるわけだが、同時に、ダンマとの関連でいうと、ブッダはひとりには限られないことになる。ここに「過去の諸仏」という考え方が現われ、その中での、このブッダ、今の世のブッダとして固有名詞を付けてよぶ必要が生じた。その時に用いられたのが、ゴータマ・ブッダであり、同じくブッダ・サキヤムニだったと思われる（因みにゴータマという呼び名は初期の聖典中で一番多く出る釈尊の固有名〔おそらくは姓の名〕であるが、ゴータマ・ブッダ〔あるいはブッダ・ゴータマ〕という呼称はほとんどない。これはブッダ・サキヤムニの場合とほぼ同様である）。

諸仏ということで真先に思い出すのは、例の「諸悪莫作　衆善奉行　自浄其意　是諸仏教」という偈である。これは「七仏通誡の偈」と通称されるように、過去七仏に共通する仏教の基本で、釈尊もまた、それ以前の諸仏と同様に、このことを教えの基本としたというのである。ただし、「諸仏教」に相当する原語（buddhānu sāsanā）は別に「仏の教誡」（buddhânuśāsanā）という複合詞と解することも可能（一般には「仏たちの教誡」buddhānām sāsanā の意に解する）であるから、必ずしも複数の仏の存在を予想しているとは言えないかも知れないが、確立された仏教の伝統では、かなり早くから諸仏の存在を認めていたと思われる。換言すれば、それは成道体験の普遍化であるが、その芽は釈尊自身のうちに既にあったものと思われる。それは、釈尊自身の体験すなわち、苦行を捨て、禅定によって菩提樹下に法（ダンマ）を見たことによって、苦から離脱して所期の目的たる不死（涅槃）を得たということから、その自分の見た法を他人にも教え、それを通じて人々をも同じ苦から離脱させようとしたということのうちにある。つまり、法を見ること、悟る体験の普遍化であり、また、見られた法の普遍性の確信である。覚った法が真実であるとの確信が強いほど、その法の絶対性が強調され、その発見者たることは相対化される。自分の悟りの体験を旧城に至る古道の発見に比した経文は、文献表現上はともかく、内容において釈尊の本心を表わしているものと思われる。したがってまた、縁起の道理を、如来が世に出ても出なくても変わらない、法として確立していることだとすることも、そこから出てくる当然の帰結であると思われる。この問題は法とは何かという問題とむすびつくし、今ここで論ずる余裕はないが、ともかく、仏（ブッダ）ということは法（ダンマ）と切り離しては考えられず、その相関の中から、過去の諸仏が次第に具体化されて来たということは間違いないであろう。

五

さて、過去の諸仏は、釈尊を第七とする過去七仏の名で呼ばれるのが、古い伝承である。その七という数については、ヴェーダ以来のインドの伝承における七人の仙人などに依ると見られるとすれば、順次に加上されたというよりは一度にまとめられたものとなろう。

しかし、前三と後四はやや伝承が異なり、後者、賢劫四仏には仏塔があり、古い聖典に個別的な名も見られるので、より古い伝承ということは考えられる。もし釈尊を isi-sattama と呼ぶこと（たとえば『経集』三五六偈）が七仏伝説につながるとすると、この語は、第七仙（isi satta-ma = ṛṣiḥ saptamaḥ）のほかに、「仙人の上首（isi sat-tama）」とも解せられるから、この後者の称号が古くて、後に第七仙と解釈されるに至り、そこに七仏思想が成立したと見る方が妥当のようである（真柄和人「初期仏典にみる isi-sattama について」『印度学仏教学研究』第二八巻、第二号、一二二一一二三頁参照）。

過去七仏の名はその由来するところがさまざまで、一つ一つの吟味が必要であるが、いま釈尊の名との対比でいうと、第六仏の迦葉仏は婆羅門種の迦葉姓とされていて、釈尊が刹利種で「姓は瞿曇」とされているのと対比される。これは漢訳『長阿含』の第一経『大本経』の語るところである（『大正大蔵経』一、二頁上）。そこでは釈尊は「我れ」とだけ言っている。ただしそれに先立って、賢劫中の四仏を挙げるところには「拘楼孫・那含・迦葉・釈迦文」とある。他方、この経に対応するパーリ聖典『長部』（[14] Mahāpadāna-suttanta）では「我れ」で通していて釈迦牟尼の名はない。「姓は瞿曇」（gottena gota-mo）というところは全く一致する。そこで推測するのだが、直前の過去仏としての迦葉仏の名は、釈尊の出自との関連で考え出された名だったのではないか。とすると、迦葉仏と対比される名は姓をあらわすゴータマ・ブッダであったということがまず考えられる。

同じ『長部』の中で『アーターナータ経』には過去七仏との関連で釈尊は「光輝ある釈子、アンギーラサ」「……明と行とを具足し、偉大にして畏怖なき瞿曇」そして「勝者瞿曇」「瞿曇仏」などとよばれている（『南伝大蔵経』八、二六一―二六二頁）がサキヤムニの名はない。一方、漢訳仏典では、さきに見た例のように、そこに必ず釈迦牟尼（釈迦文）の名が付け加えられている（「釈迦如来、瞿曇族」『仏説七仏経』、『大正大蔵経』一、一五〇頁上、「釈迦文尼仏」『七仏父母姓字経』、同、一、一五九頁中、「釈迦文仏」『雑阿含』、同、二、一二一頁下など）。あるいは、『別訳雑阿含』の例では、対応するパーリ聖典の『相応部』で「アンギーラサよ、大牟尼よ」（Aṅgīrasa tvam mahāmuni）とあるところ（『南伝大蔵経』一二、三三七頁）を「釈迦牟尼尊」と直している（『雑阿含』には対応する語なし）。

こうしてみると、釈迦牟尼仏というわれわれに親しい呼び名は、原典では漢訳仏典に見出されるほど多くは使用されていなかったかも知れない。しかし、パーリ聖典でも後のものになると、全く例がないわけではなく、たとえば『仏種姓経』（Buddhavaṃsa これは過去二十四仏を説く）には「仏瞿曇品」中に「われ釈迦牟尼の教えは」云々とあり（『南伝大蔵経』四一、三五五頁）、また『ミリンダ王の問い』には「釈迦牟尼世尊と迦葉世尊と、この二仏間の計数を超えたる無数年」（同上、五九上、二五五頁）などと、いずれも釈迦牟尼の名が過去仏との関連で挙げられている。

このように見てくると、釈迦牟尼の名を仏・世尊に冠するのは、瞿曇仏よりもやや後れるかも知れないが、瞿曇仏と同様に、過去仏と区別するために挙げられたものであることが知られる。そして、瞿曇（ゴータマ）よりも、より尊敬の度合いの強い、ムニの称をつけた釈迦牟尼の名の方が、次第に頻繁に用いられるようになったようである。それはとくに北伝仏教の元となった北インドの伝承に強く、またそれが大乗仏教にも継承されたということではなかろうか。禅宗の仏祖相承が、元来は過去七仏の伝承と、仏弟子の相承として有部に伝わった伝承を祖型とする『付法蔵因縁伝』とに、若干の系譜を加味して作られたものであることはすでに知られていることであるが、その中における釈迦牟尼仏は「法の開顕著」にして「法の継承者」、そして「法を説く者」としての教主として敬礼されているのである。その名称に関する限り、釈迦牟尼の名はとくに神秘性は含んでおらず、むしろ出身種族の誇りを伝える名として、その人物の歴史的存在性を示す点でも最も妥当な名称であろう。

生死はほとけの御いのち――道元に学ぶ生死観――

一昨年（一九九二）秋、人命を預かる医者や医学者、心の悩みを癒すことを任務とする宗教家や哲学者たちが集まって、バイオサナトロジー学会なるものが発足した。バイオは生命、サナトス（あるいはタナトス）は死を意味するから、これは一応「生死学会」とでも訳せる。直接には死に臨んでの心の準備を如何にして患者に与えるかというホスピスの課題が目下のところ、この学会の最大の関心事となっている。この問題関心はアメリカのキューブラー・ロス女史を中心とするホスピス研究にはじまり、上智大学のA・デーケン博士などが積極的に進めている運動である。元来キリスト教圏にはじまったこの運動を東洋の仏教その他の宗教圏にあってどのように実践すべきか。脳死問題ともからんで、切実な課題となっているのであるが、学会の究極の使命としては、「死を見つめながら地球全体の人間の生をより充実させること」を掲げている。

臨終に際して宗教家が安心を与えるべく説教することはキリスト教の専売ではない。仏教でも阿弥陀信仰にあっては臨終正念といって極楽往生を確信させることが僧侶の任務とされているし、禅宗ともなれば日頃から死の覚悟を説くことを旨としている。ただその一方で、僧侶たちは死者の葬儀を執行する故に不吉であるとして忌み嫌われる風潮があって、現在なおホスピスを行ない難くしている。この問題はしたがって、日本の社会通念の改革を先決としているもののごとくである。

右のような問題関心を反映してであろう、『仏教』誌が〈生死の学〉をテーマにして、筆者には道元の生死観をそのことばを引いて解説するようにとの依頼があった。死の床にある人にいきなり、道元の生《なま》のことば、たとえば、

「生をあきらめ、死をあきらむるは仏家一大事の因縁なり」（『正法眼蔵』諸悪莫作の巻）

——

などをぶつけても、ホスピスの方法として有効であるかどうか、工夫を要するところと思うが、日頃健康なうちから死の覚悟を見とおしておくことこそ、より大事である。他人事ではない。自らを誡める意味で、与えられた機会を利用して、わが祖師の生死観を反芻しておきたい。

道元の生死観といわれて早速に想い起こされるのは『正法眼蔵』の「生死」の巻であろう。しかし、直接に生死を課題とする巻としては、そのほかに「全機」があり、また「春秋」の巻の主題もそれに準ずる。さらに、生死に関する言及ということであれば、まさに

「仏家一大事の因縁」なるゆえに、『眼蔵』の全巻からとり上げることもできよう。しかし、いまは一応「生死」の巻をとり上げて、他の諸巻にもふれながら解説を試みることとする。

なお、「生死」の巻は年月の記載なく、七十五巻本にも十二巻本にも属さず、その位置づけは困難であるが、表現や思想内容上、「現成公案」（一二三三）「有時」（一二四〇）「全機」（一二四二）などに対応箇所がみられるので、越前に赴く以前の説示と見て差支えないであろう。また、「全機」がパトロンとして後に道元を越前に招く波多野義重の幕下での示衆であり、「現成公案」が在俗の弟子楊光秀に与えた書であるのと同様、「生死」の巻も在俗の信者に与えたものと推測されている。恐らくは武士に対して死の覚悟を教えたものであろう。

＊以下、原文のかわりに現代語への私訳を掲げる。原文については岩波文庫の『正法眼蔵』(四)（水野弥穂子校注）を参照されたい。また現代語訳に当っては高橋賢陳訳（理想社、昭和四七年）を参照した。

『正法眼蔵』生死

(一)「生死の中に仏あれば生死なし」

また

「生死の中に仏なければ生死にまどわず」

これは夾山と定山という二人の禅師たちの交したことばである。得道の人のことばであるから、さだめし、無意義な議論ではあるまい。

生死の苦悩から逃れたいと思う人は、まさにこのことばの趣旨を理解すべきである。人がもし、この生死のほかに仏を求めるならば、それは北に向かって車を引きながら南へ行こうとし、顔を南に向けて北斗星を見ようとするようなもの。それではますます生死の原因を増やすだけで、全く解脱の道から遠ざかることになる。ここはただ「生死すなわち涅槃」という道理をよく心得て、生死は厭うべきものとして、それから逃れようと努めることもなく、涅槃こそは願わしきこととして求めることがなければ、そのときはじめて、生死をはなれる道がひらけてくる。

さて、生死は仏教では「しょうじ」と読む。その意味は「生死流《る》転《てん》」とか「生死輪廻《りんね》」というように、インド的世界観としての、生まれては死ぬことの繰り返しを言う。仏教もこの輪廻から解脱して涅槃を得ることを目的としているが、釈尊はそれを「生まれたものは必ず死ぬ」とさとることによって達成した。涅槃とは生死の苦の滅であって、生死とは別の世界に引越すことではない。大乗仏教はこれを「生死即涅槃」と表明し、道元もそれを継承している。冒頭に引用された夾山のことばも、仏を涅槃におきかえれば、大乗の根本宣言と一致する。そして「生死なし」は「生死に惑わず」ということにほかならないと理解される。なお、両者のことばで「仏あれば」と「仏なければ」は同じ平面で理解してはならない。「仏なければ」は、さとり、すなわち仏になることへの執著を誡めることばと解される。ただ、両者のことばに関して、所引の原典と道元の引用との間に相違があり、「仏あれば」と「仏なければ」が入れ替っているという厄介な問題があるが、いまは引用にしたがう。

では、生死をはなれるには具体的にどうしたらよいのか。道元は次にそのノウハウを説く。

(二)

生死について、人は通常、「生から死にうつる」、つまり、生きているものが死の状態に変わると考えているが、これはあやまりである。たしかに、生はさき、死はあとという先後はあるが、いま生きていることは、一つのあり方として絶対である。それゆえ、仏の教えでは「生はすなわち不生」という。つまり、ないものが生じてくるのではない。滅（すなわち死）についても同様であり、それ自体絶対のあり方である。それゆえ、仏は「滅すなわち不滅」と教えている。つまり、何か有るものが無くなるのではない。したがって、生というときには生のほかにものはなく、滅というときには滅のほかに何ものもない。（正に圜悟のいう「生也全機現、死也全機現」である。）そういうわけであるから、生きているときにはひたすらに生き、滅するときにはひたすらに滅（すなわち死）に心を傾けるべきである。決して生死を厭うてはならず、また願ってはならない。

まえに、生死とは生まれることと死ぬことの繰り返しと説明したが、日本語の感覚から言えば、むしろ、生きることと死ぬことである。あるいは、生きていることとその終焉である。バイオサナトロジーも同様である。そして、この一段の道元のことば遣いにもそのニュアンスがある。インド人は生きていることの長い連続の中で、けじめとしての生まれることと死ぬことを考えた。そしてその果てしない連続にうんざりして、それからの脱出をねがった。日本人は因果の理は受け入れたが、輪廻転生にはどうも実感をもっていない。代って霊魂の永生を考えているふしがある。道元は仏教者としてそれは否定するが、ここではその問題には関わらず、因果の道理にもふれないで、ただ、いまの生を懸命に生きることを説いている。

「生より死にうつる」という考え方を斥けるこの一段の論理は、「現成公案」の巻で薪と灰の喩えや春夏秋冬の季節のうつり変わりを例として説く、前後際断の論理と同じである。

同じ思想は、いま私訳の間に（　）付きで挿入した「生也全機現、死也全機現」に見られる。というより、この圜悟克勤の公案を日本流に表現したのが右の一段ということになろうか。「全機」の巻はこの生と死という「ひとときのくらゐ」の絶対性の体得を「透脱」とか、「現成」ということばで説いている。さらにこの思想の淵源をさぐると、洞山の無《む》寒暑《かんじょ》の話《わ》に辿りつく。「春秋」の巻はこの洞山の話の「寒時には闍梨を寒殺し、熱時には闍梨を熱殺す」という答をめぐる祖師たちの商量を連ねて、寒いときには寒さに徹し、暑いときには暑さに徹することを高祖洞山のことばの真意とみている。春秋とは寒暑を孔子の書目になぞらえての命名といわれているが、道元においては生死の問題を含意していること、「現成公案」や「有時」の巻と同様である。

「全機」の巻には、生也全機現、すなわち、生のときはこれ生、ということを舟の喩えによって説明している。少し長いが、私訳の形で引用しておく。

「生というのは、たとえば人が舟に乗っているときのようなものである。この舟はわたくしが帆をつかい、わたくしが楫をとり、あるいは棹をさして漕いでいる。（ひとはそこで、自分と舟は別である、自分は舟を自在にあやつっていると考えるが）舟がわたくしを乗せて走っているのであって、舟のほかに走っているわたくしはいない。同時に、わたくしが舟に乗ることによって、舟を舟として活かしている。このところをよく功夫・参究すべきである。

舟に乗っているときは、全世界が舟であり、舟の世界でないものはない。天も水も岸もすべてが舟を表わす時節を形づくっている。この時節は正に舟の時節であって、ほかの時節ではない。それと同様に、わたくしの生は、わたくしが生きることによってあると同時に、生きることがわたくしをしてわたくしたらしめているのである。

また、舟に乗っているときには、その人の身も心も周囲の世界も、ともに舟のはたらきの一部となっている。大地も虚空もすべて舟のはたらきを成り立たせている。生とわたくしとの関係もまさに同じで、それは『生なるわれ』『われなる生』としか言い様はない」

これは、わたくしに命があるとか、死がわたくしを訪れると言った慣用的もの言いを拒否することばである。いや、そのようなもの言いの背後にあるわれわれの思考方法、つまり、いのちを自分の自由にできるもののように考えることの打破を目ざしている。この課題に対する応答を、われわれは「生死」の巻の次の一段に見出すのであるが、それに先立って、本段の末尾の「いとふことなかれ、ねがふことなかれ」について一言ふれておく。

この句は一般に「滅（＝死）を厭うことなく、生を願うことなかれ」と訳されるが、この一段を第一段の主題の展開と考えるならば、これは「生死を厭うことなく、涅槃を願うことなかれ」でなければならない。そして、そう解する方が次の一段ともよくつながる。たしかに人は死を厭い、長生をねがう。しかし、人によっては生を厭うあまり死をねがう者もある。そのいずれをも超克する道として、生死を厭離して涅槃（生死の滅）を欣求することを仏教は教えた（生滅滅已、寂滅為楽）。大乗はさらにその道を超えて、生死を無下に拒否して涅槃に入ることを誡めた。ただし、それが生死の全面肯定でないことは言うまでもない。そして、そこには仏のあり方という立場が一枚加わっている。その点を加味すると、この最後の一句は「生死即涅槃」としての一枚の生死を「厭うことなかれ、また願うことなかれ」と読みたい。この仏のあり方をわれわれのものとすることが次の課題となる。

㈢

この生死は仏の御いのちである。これを厭い捨てようとするのは、すなわち、仏の御いのちを失おうとするにひとしい。しかし、いくら生死は仏の御いのちだといっても、それを理由に生死に執著すれば、それもまた仏の御いのちを失うものである。なんとなれば、それは仏のありさまにこだわることになるからである。このように生死を厭うこともなく、慕い執著することもなくなれば、人ははじめて仏の心を心とすることができる。ただし、その場合、自分の心の量《はか》りで思いはかってはならない。自分の推量にもとづくことばで語ってはならない。ただ、わが身も心も放下して、そっくり仏の家になげ入れてしまい、仏の方からおのずから、そう心に思い、ことばで表現するように仕向けられ、それにすなおにしたがっていくとき、人は自分で力も入れず、こころも使わずに、生死をはなれて仏となる。こうわかったとき、いったい誰が、自分のこころにこだわりつづけるであろうか。

「この生死」とはわが身のこのいまのいのちである。他人の生死ではなく、また別の世の生死でもない。このいまの生を全力を挙げて生きることが仏の御いのちを生きることである。ただし、われを忘れ、おのがはからいを捨てること。「仏のかたよりおこなはれて、これにしたがひもてゆく」とは正に「あなたまかせ」の境地であり、親鸞のいう自然法爾にことならない。「生死をはなれる」とは道元の別のことばで言えば身心脱落である。

なお、右で「仏のありさまにこだわることになるからである」と訳した一句、「仏のありさまをとどむるなり」については別様にも解釈されるが、ここはやはり、さとりとか仏ということ——あるいは、涅槃といってもよい、それは迷いと対立し、生死と対立したものとして捉えられている——への執著、こだわりを意味すると見るのがよかろう。それを捨てるのが「生死の中に仏なければ」ということであろう。こう解釈してはじめて、夾山と定山の問答が活きてくる。

仏の御いのちとは仏性である。仏性、わが生死のうちなる仏は如何なるはたらきをあらわすのか。道元は最後の段で、その「いとやすきみち」を示す。

(四)

この「生死をはなれて仏となる」ために大そう易しい方法がある。それは、もろもろの悪をつくらず、生死に執著せず、世のすべての衆生のために憐れみの心を深く持ち、上を敬い下をいつくしんで、万事について嫌い厭うこともなく、願い望むこともなく、心になにも思いわずらうことも、うれい苦しむこともない。このような人を仏と名づける。そのほかに仏をたずね求めてはならない。

これはまた、いとも平易な表現に見える。諸悪莫作、衆善奉行は諸仏の通誡である。「何だそんなことか。そんなことなら三歳の童子でも言える」という白居易のことばを鳥窠の道林が「三歳の童子に言えても、八十の老翁にさえ行ない難い」と答えたという有名な話を引いて、道元は「諸悪莫作」の巻を締めくくるが、そのなかで、

「三歳の孩児は仏法をいふべからずとおもひ、三歳の孩児のいはんことは容易ならんとおもふは至愚なり。そのゆゑは、生をあきらめ死をあきらむるは仏家一大事の因縁なり」

と述べている。冒頭に引用した道元のことば（それはまた曹洞宗が日用聖典として用いる『修証義』の冒頭の一句を形造っている）に戻って来たところで、講釈を止めよう。

現在わたくしは六十七歳である。幸い健康にも恵まれ、社会ではたらく仕事もありすぎるほど与えられていて、生きがいを感じるに不足はない。加えて現在の日本の社会は平和で、交通事故にでも遭わない限り、生命の危険にさらされることはまずない。こうした状況にあって、自分の死について考えても、正直なところ実感はない。

他方、いま世界中のあちこちで、民族の間の争いが起こり、しかも、多くは宗教の名において行なわれている。そして、無辜な人々が巻き添えをくって、傷つき、命を殞《おと》している。そのような死に対して、われわれはどれほど悲しみを実感しているであろうか。

他者の苦しみ、悲しみに共感することを、仏教では悲《ひ》といい、他者の喜びに共感することを随喜という。悲しみに共感するのは易しいが、喜びに共感するのは難しいといわれることがある。しかし、これは身内、友人、ライバルなど身近な人々との間のことであろう。地球上はるかに遠い国の人々に対しては、悲しみを共にすることもまた難しいことである。

他者の死を悲しむのはいのちの重さを感じることである。自らの死の覚悟はいのちの重さを知ることと一つでなければなるまい。重ねて道元のことばを引用してむすびとしよう。

「不惜身命あり、但惜身命あり」（「行仏威儀」の巻）

本証妙修ということ

曹洞宗は、開祖道元禅師の教えを宗意すなわち教義の基本としており、その宗意とは一言でいえば〈本証妙修〉あるいは〈証上の修〉ということである、とは、われわれが小僧の時から教えられて来たことである。その本証妙修ということをめぐって、いま宗門内ではいろいろの見解が現われ、論議を喚んでいる。

自明と思われたことが、新資料の発見などによって疑問を生じ、論議を惹き起こし、新しい解釈に落ちつくということは、学問の世界にはよくある、というか当然起こりうることで、とくに問題とするには当らない。しかし、事が宗意の問題となると些か性質が異なってくる。何よりそれは宗門人のひとりひとりの安心《あんじん》に関わり、また指導を受ける（布教の対象となる）信者の方々に対する責任の問題となる。

周知のように『修証義』は曹洞宗の教義の基本を示す宗典とされ、宗門人はその旨を戴し、在家信者に布教することを任務とされている。先年その公布百年の行事も催され、さらに活発にそれに基づく教義を高揚することが謳われた。この『修証義』の題目の意味するところが、〈本証妙修〉あるいは〈証上の修〉にほかならない。もっとも問題はその題目と『修証義』の説くところとに食い違いがあるのではないかという疑念、あるいはまた従来の『修証義』の解釈、講釈において、現代社会の要請、通念に牴触するところがあることなどにあり、それが畢竟じて宗意の根本に対する疑念まで生むに至っているようである（この点については前に『曹洞宗北海道管区報』七四、一九九二年五月、に書いたことがあるので参照されたい）。考えるべきことは多々あるが、いまここでは、一宗門人として本証妙修の意味を筆者の理解するなりに述べてみたい。

〈本証妙修〉という句が『弁道話』の次の諸文章に由来することは周知のことであろう。

「それ、修証はひとつにあらずとおもへる、すなはち外道の見なり。仏法には修証これ一等なり。いまも証上の修なるゆゑに、初心の辦道すなはち本証の全体なり。かるがゆゑに修行の用心をさづくるにも、修のほかに証をまつおもひなかれとおしふ、直指の本証なるがゆゑなるべし。すでに修の証なれば、証にきはなく、証の修なれば、修にはじめなし。ここをもて、

釈迦如来、迦葉尊者、ともに証上の修に受用せられ、達磨大師、大鑑高祖、おなじく証上の修に引転せらる。仏法住持のあと、みなかくのごとし。

すでに証をはなれぬ修あり、われらさいはひに一分の妙修を単伝せる、初心の辦道す

なはち一分の本証を無為の地にうるなり。しるべし、修をはなれぬ証を染汚せざらしめんがために、仏祖しきりに修行のゆるくすべからざるとおしふ。妙修を放下すれば本証手の中にみてり、本証を出身すれば、妙修通身におこなはる」

そして、大宋国にあって、仏心印を伝える宗師から、「仏法の大意は修証の両段にあらぬむね」と教えられたこと、また、古仏の言にも「修証はすなはちなきにあらず。染汚することはえじ」とあると記されている。

以上は、すでに仏法を証会《しょうえ》したものがどうして坐禅辦道する必要があるかとの問いに対する答であるが、この中に禅師の教えの基本を示す、いわばキーワードのほとんどが含まれている。すなわち、〈本証妙修〉とは

㈠〈証上の修〉であり、㈡〈修の証〉にして〈証の修〉、したがって㈢〈修証は一等〉である。

㈣〈初心の辦道〉は「一分の妙修を〈単伝〉し」、それによって「一分の本証を無為の地の上にう（得）る」。ここに〈初心の辦道〉とは坐禅にほかならないが、それはすなわち

㈤「修をはなれぬ証を染汚せざらしめる」もの、すなわち、いわゆる〈不染汚の修証〉である。

では、〈本証〉〈修証〉とは何を証するのか。これについては遡って『弁道話』の冒頭が

参照される。

「諸仏如来、ともに妙法を単伝して、阿耨菩提を証するに、最上無為の妙術あり。これただ、ほとけ仏にさづけてよこしまなることなきは、すなはち自受用三昧、その標準なり、この三昧に遊化するに端坐参禅を正門とせり。

この法は人々《にんにん》の分上にゆたかにそなはれりといゑども、いまだ修せざるにはあらはれず、証せざるにはうることなし。はなてば手にみてり。一多のきはならんや。かたればくちにみち、縦横きはまりなし。諸仏のつねにこのなかに住持たる、各各の方面に知覚をのこさず、群生のとこしなへにこのなかに使用する、各各の知覚に方面あらはれず。いまおしふる功夫辦道は、証上に万法をあらしめ、出路に一如を行ずるなり。その超関脱落のとき、この節目にかかはらんや」。

『弁道話』は禅師の開教宣言であり、世間にアピールするための一種の宣伝コピーである。それかあらぬか、後年の編集では『正法眼蔵』の本文に加えられていない。そしてその本文中には「本証」も「妙修」も「証上の修」も言葉の上では一度も使われていない。これは、〈本証妙修〉ということばは当時の仏教界、具体的に言えば叡山の本覚法門を意識して使われたのではないかとの推測を生む。

これに対して〈修証〉という語はそのまま熟字して『眼蔵』の中で一貫して多用されている。ことは『永平広録』の中でもかわらない。この〈修証〉は、元来の経典用語としては、四諦の中の滅道二諦に関して「滅は証すべく、道は修すべし」といわれるに由来し、明らかに、修道による苦滅の証すなわち実現を意味する。その意をこめながら「修証」の熟字を用いたはじめは南嶽の「修証即不無、染汚即不得」であろう。この句の後半にいう「染汚」は四諦で言えば苦集二諦に当る。染汚すなわち苦やその原因はもとよりない（不得）が、しかも修証すなわち滅道二諦が必要ないわけではない（不無）。つまり、これは、本性として清浄であるならば何故修行が必要かという疑念に対する解会《げえ》を示す句である。六祖は南嶽のこの解に対し「不染汚は諸仏の護念するところ」「汝もかくの如く、我もかくの如く、乃至、西天の諸祖もかくの如し」といって認許し、いかにも不染汚の方を強調しているように見えるのに対し、道元禅師はこれを「不染汚の修証」とよんで修証に重きを置いた。ここで不染汚が〈本証〉であり、修証は〈妙修〉である。

　このように「修証」と熟する限りでは〈修証〉は証上の修であり、修に力点がある。しかし、証を求めず、たのまず、ということは、さとりを必要としないという意味ではない。修に証（さとり）が実現しているということである。証を問題としない仏教はない。ただ、証を何か前方に置かれた獲物のように見て、それを得たいと努めるという待悟の修を道元禅師は認めない。この「不染汚の修証」で禅師の一生は一貫している。

　ところで、禅師には天童会下での身心脱落、面授嗣法の体験がある。嗣法は妙法を単伝する仏祖の一員となることであるが、嗣法にはさとり体験が前提となる。その法は「修せざるにはあらはれず（実現せず＝証せず）、証せざるには得ることなし」。身心脱落は道元禅師にとっての〈証〉である。その証の体験の上にさらに打坐をつづける。これが〈証上の修〉である。これを〈本証妙修〉とよんでいると考えることはできないか。この場合、〈本証〉の「本」とは、本願と同様、「昔の」（pūrva 以前の）という意味に解するわけである（もちろん「本願」はこの世への出現以前の、はるか過去世におけるという意味で、昨日、今日の意味ではないが）。しかし、それよりももっと釈尊の行実に即していえば、〈証上の修〉とは成道後の釈尊の一生、僧伽にあっての弟子衆と共なる禅定の実践である。つまり、〈証上の修〉とは仏作、仏行、仏事、仏業である。禅師の好んで用いる言葉でいえば〈仏向上の事〉であろう。そこにはおのずから、自利利他のはたらきが現われ、大悲が現成する。いわば〈証上の修〉とは仏の行実をまねることである。

この〈修証〉をとおして仏作、仏行として現成するはたらきを仏性というのだと筆者は理解する。いうまでもなく〈本証〉の語は本性としての覚り、すなわち「本覚」と相通ずる意味をもつ。ニュアンスの相違を除けば、語として「仏性」「心性」「本性」「本覚」そして「本証」は同義語である。にもかかわらず、本覚をいわないのは当時の本覚法門が修をなみし、少なくともその意味を極小にして、「心性の常住を知れば、この身おわるとき性海に入る」などと教えていたことに対する批判による。あるいは中国の禅者たちが「霊知不昧」などと称していることに対する徹底した批判がある。これらの邪見たる所以を禅師は既に『弁道話』の中で説いているが、同じ批判は晩年の上堂にまで何度でもくりかえされている。そして「仏性」が真実に何を意味するかを課題として『眼蔵』中に長大な「仏性の巻」が説かれるのである。そこに見られる「無常仏性」の説や、「行持の巻」にいう「発心・修行・菩提・涅槃」の道環など、すべて、はたらきとしての仏性をあらわしている。同じく『弁道話』にあり、『眼蔵』『広録』にも用例の見られる「般若の正種」は、このはたらきとしての仏性の意味を示す禅師の用語と見てよいであろう。

なお「仏性の巻」は仁治二年（一二四一）興聖寺における示衆であるが、後に再治されており、その再治の年は懐奘が同巻をはじめて書写した建長四年（一二五二）正月十五日以後のことであろうと推定されている。（その再治本による校合は禅師滅後の正嘉二年〔一二五八〕に行なわれた。その結果が現存の形である。）このことは仏性の問題が禅師にとって最晩年に至るまで自らに課した公案であったことを意味しよう。これは『広録』の同時期の上堂に、仏性がしばしば話頭に上せられていることからも伺われる（「仏性」の巻の『眼蔵』における意義については杉尾玄有教授の論稿〔『十二巻本正法眼蔵の諸問題』九九〜一〇〇頁〕参照）。

仏性のはたらきが仏作・仏行たる点について、もう一つ例示すれば、『十二巻本眼蔵』中の「発菩提心」の巻に『涅槃経』の「発心究竟無差別」にはじまる偈（この中に「自未得度先度他」の句がある）を引用、解釈して「発心」とは自未得度先度他の心をおこすこ

と、「究竟」とは仏果菩提で、

「阿耨多羅三藐三菩提と初発菩提心と、格量せば劫火、蛍火のごとくなるべしといへども、自未得度先度他のこころは「二無別」なり」

と示し、つづけて『法華経』「如来寿量品」の末尾の偈（毎自作是念……）を引いて「ほとけは発心・修行・証果みなかくのごとし」と結ぶところが挙げられる。この仏作・仏行を自ら身に課するものが菩薩である。

道元禅師の一生に思想の変化がなかったとは言えない。しかし『弁道話』で示された課題は最後まで禅師の課題であったし（上のほか、禅宗という称に対する批判、三教一致論批判など）、その問題追及における一貫性はむしろ驚歎すべきものがある。

禅師がくりかえし引用する仏祖の行履の一つに大梅山の法常の話がある。法常はむかし馬祖に参じて、「即心是仏」と聞いて大悟した。そののち大梅山にあって参禅辦道すること三十余年。あるときその山居を訪れた僧から、近頃、馬祖は「非心非仏」と説いていると報らされる。法常は「このおやじ、いつまでもひとを惑乱するわい。ひとは非心非仏といったらよかろう。わしはただ即心是仏だ」とつぶやく。あとで僧からそのことを聞いた馬祖は「梅子熟せり」と語ったという。

大梅にならうのはおこがましいが、筆者もまた言いたい。仏性が有るか無いかは知らぬ、道元禅師の宗旨は本証妙修、不染汚の修証にあると。

初出一覧

「如来蔵と仏性」『在家仏教』昭和五一年一〇月号、一一月号（二五巻二九〇、二九一号）。
（昭和五一年五月、在家仏教協会、東京会場での講演筆記）

「仏性の話」『在家仏教』昭和五三年七月号（二七巻、三一一号）。
（同右、昭和五三年五月講演筆記）

「一切衆生悉有仏性」『浅草寺仏教文化講座』第25集（昭和五五年度）、昭和五六年七月刊。
（昭和五五年四月、同講座に於ける講演筆記）（原題＝「仏性」）

「如来と如来蔵」『豊川利生』昭和五五年九月号～五六年四月号（三一巻九号～三二巻四号）
（昭和五五年七月、豊川閣、第四五回夏期仏教講座における講演）

「如来の出現」『大法輪』昭和五三年五月号（四五巻五号）

「宝性論入門」『大法輪』昭和五〇年一一月号（四二巻一一号）

「如来蔵思想と密教」『密教学研究』第一二号、昭和五五年三月
（昭和五四年一一月、大正大学で開かれた密教学会における特別講演）

「道元の仏性論」鏡島元隆、玉城康四郎編『講座道元』第四巻（道元思想の特徴）、春秋社、昭和五五年九月刊。

「悉有仏性・内なるホトケを求めて」　季刊『仏教』昭和六二年一〇月号（一号）、法蔵館
「釈尊の原像」季刊『仏教』平成元年七月号（八号）、法蔵館
「生死はほとけの御いのち—道元に学ぶ生死観—」季刊『仏教』平成六年四月号（二七号）、法蔵館
「本証妙修ということ」『永平正法眼蔵蒐書大成』月報4、大修館書店、平成五年一月

文庫版解説
仏教思想における言説様相の差異について

下田正弘

今年（二〇一九年）の七月半ば、ドイツのハンブルク大学において、筆者をふくめて八名の研究者が集い、「インド仏教における仏性思想の新たな視点」という国際シンポジウムが開催された。仏性思想・如来蔵思想研究は、近年、ことにインド仏教とチベット仏教の領域において国際的に目覚ましい進展を遂げ、大乗仏教思想の完成された形態としてあらたな注目を集めている分野である。最先端の成果が発表されたこの三日間の議論のつねに中心にあったもの、それは高崎直道博士の『如来蔵思想の形成』（春秋社）という畢生の業績の評価であった。一九七四年に出版されて以降、半世紀近く経った現在でも、その価値は減ずるどころか、むしろ研究の進展とともに輝きを増している。いまから五年まえ、仏性の研究について国内外の最新の研究成果として編まれた『如来蔵と仏性』（春秋社）も、博士の研究成果に大きく依拠している。

高崎博士の研究業績は、著作集全九巻（春秋社）にそのほとんどが収められている。著作集のおよそ三分の二を占める仏性・如来蔵思想関係の諸論攷は、唯識思想の主要な論書と広範な大乗経典の精緻な解読を基礎としながら、仏性・如来蔵思想の特性を、初期仏教から大乗仏教までの思想史的枠組みにおいて丹念に描き出す姿勢で一貫されている。その後、学界においてさまざまな新資料が発見され、新たな学説が登場したにもかかわらず、博士の研究がいまだに亀鑑とされつづける理由は、この堅実な研究方法にもとづく分析と考察の信頼性の高さにある。

本書は、その盤石な研究にもとづく成果を、一般の聴衆に向け、咀嚼しなおして発信されたものである。思想を咀嚼して発信することは、希釈して平俗化することとはまったくちがう。それは研究成果を直截に伝える以上の努力を必要とし、そこに生まれてきたものは、あらたな努力を通して抽出された、より濃厚なエッセンスでさえある。ときに啓蒙書に見られがちな学術的な質の低下や内容の変容を危惧することなく、読者は本書によって仏性思想の真髄にふれることができるだろう。

こうした本書に、もし一点、望むべきものがあるとするなら、それは仏性・如来蔵思想の批判に対する応答についてである。仏性・如来蔵思想は、仏の視座から見たとき、煩悩と苦悩の現実の底に沈みこんだ衆生たちに、仏、すなわち煩悩と苦の世界から解放されたものの本性が、あるいはそれに将来なるべき胤が、例外なく存在していることを説いている。ここで「仏の視座から見た」という視点の限定、それにくわえ「将来そうなるべき本質」という時の位相の限定は、この思想の成立にとって重要な前提である。仏性思想は、すでに真理が現成し、あらゆる束縛から解放された境涯から、いまだ真理に至らざるものにとっての真理を闡明する思想である。それは、彼岸と此岸という次元の異なる二つの地平を前提としながら、そのあいだを上から下へと縦断する言説として成立している。

これまでの研究では、この重要な点における考察が十分に果たされていなかった。その結果、すべての衆生に仏の本質が存在するという言明が、あたかも単一の次元で客観的事実が叙述されたものであるかのようにとらえられてきた。そうなれば、初期仏教以来説かれてきた無常や無我の教説と真っ向から対立をするのは明らかであり、さとりに向けて修行実践する意義も消失してしまう。まさにこれが如来蔵思想批判だった。仏性や如来蔵という救済原理の存在をすべてに一様に認めてしまえば、すでに救いが実現されているかのような錯覚を与え、現実に存在するさまざまな差別が隠蔽されてしまう結果になるというのである。

この批判の基礎には、仏教思想の言説についてのかなり根本的なレベルにおける無理解がある。それは第一に、仏教の思想的言説が二元論を前提として成り立っているにもかかわらず一元論的に理解してしまっている点であり、第二に、その二元性のあつかいが、仏教思想史の各段階で異なっており、それは二元世界の関係をめぐる言説の様相の差異となって現れてゆくにもかかわらず、そうした経緯が考慮されていない点である。

まずなにをおいても留意すべきは、第一の論点、すなわち世界の二元性についての認識である。仏教思想を理解するためには、此岸、迷い、生死、煩悩、穢土等とはまったく異なった、彼岸、さとり、涅槃、菩提、浄土等の次元の存在を前提としなければならない。これら両者は、あらゆる点で隔絶されながら、厳然と存在している。そのうえで両次元の関係を闡明し、前者から後者へと存在次元の転換を図るところに、仏教思想が成立する契機がある。くわえて、その両者の関係についての言説の様相の相違が、思想の相違となって現れてくる。

たとえば、最初期の仏教の教説において見られる、すべての存在を、無我であり、無常であり、苦であると説く「三法印」は、否定され、凌駕されるべき、生死、煩悩、穢土の世界のありようを、肯定され、帰入すべき、涅槃、菩提、浄土の世界に至った仏によって直截に言説化されたものである。つまり、すべてを無我、無常、苦と説く言説は、この世界の様相を示すためにもちいられたものであり、至った目的地を示すための言説ではない。涅槃の世界は、無常も、無我も、苦も離れている。

これに対し、仏性・如来蔵思想は、仏の視座から見たとき、煩悩と苦悩の現実の底に沈みこんだ衆生たちに、如来の本性、すなわち煩悩と苦の世界から解き放たれた本性が、仏性、如来蔵というかたちで存在し、衆生はかならず仏となることを説いている。それは衆生のいまの現実を指した言説ではなく、至るべき目的地における衆生の様相を示す言説である。仏性、如来蔵の存在を言明するうえで、この「仏の視座から見た」という限定は外すことのできない制約である。仏性、如来蔵の存在の言明は、仏と衆生という二元的世界を前提としつつ、さとりの次元にある仏から迷いの次元にある衆生に向けてなされる宣言なのであり、このメッセージの方向性は不可逆的である。

三法印の教説は、関心の焦点を、現象界の様相に置き、自然発生的な習慣によってつくりあげられた日常的世界の根底に永遠不変の存在を立てようとする形而上学――具体的には仏教に先行するブラフマニズムの哲学――を否定し、その迷いからの目覚めを強く促そうとする。ここでもちいられる言語は、否定されるべき事態と同一の地平にある。それに対して、仏性思想を表明する言説では、さとりの世界の様相に関心の焦点がある。すでに真実が現成し、あらゆる束縛から解放された境涯から、いまだ真実に至らざるものにとっての真実を闡明する如来蔵思想の言説は、涅槃の世界と輪廻の世界という、次元の異なる二つの地平を、前者から後者に向けて縦断している。仏性思想の言説は、初期仏教の教説と、言語としての様相が異なっている。

仏性・如来蔵思想によれば、この世界のあらゆる衆生とその領域である法界が清浄となって出現するのは、仏の智慧の内なる世界においてでしかない。衆生がかかわることができるのは、仏の智慧の対象たる清浄な法界から等質に流れ出た教説としての法にかぎられている。「すべての衆生は如来を本性として有す」という仏性思想の教説が生まれ出る淵源は、生死輪廻の世界から隔たった清浄なる仏の内なる世界にある。この隔絶した世界から衆生に向けられた「呼びかけ」であるからこそ、苦悩の現実に沈む衆生に圧倒的な力で響いてくる。

この点で看過しえないのは、この思想が、仏性や如来蔵の存在は「信」によってはじめて衆生に受容可能になることを明言している点である。仏性や如来蔵の存在を説く言説は、次元の相違を無視し、あらゆる事象に普遍的に妥当する直接法的叙述なのではない。それはたとえ事実を叙述する態を取っていたにしても、如来から衆生に向けて発される命令法的言明なのである。

（東京大学教授）

高崎直道（たかさき　じきどう）
1926年東京に生まれる。1950年東京大学文学部哲学科（印度哲学専攻）卒業。駒澤大学助教授、大阪大学助教授、東京大学文学部教授、鶴見大学教授、同学長を歴任。東京大学名誉教授、鶴見大学名誉教授。文学博士。2013年歿。著書多数。

仏性《ぶっしょう》とは何《なに》か

二〇一九年一一月一五日　初版第一刷発行
二〇二四年　三月一五日　初版第二刷発行

著　者　高崎直道
発行者　西村明高
発行所　株式会社 法藏館
京都市下京区正面通烏丸東入
郵便番号　六〇〇-八一五三
電話　〇七五-三四三-〇〇三〇（編集）
〇七五-三四三-五六五六（営業）

装幀者　熊谷博人
印刷・製本　中村印刷株式会社

ISBN 978-4-8318-2602-2 C1115